廉頗

嗨！有趣的故事

Hi! Story

辛泊平

【出版說明】

在文字出現以前，知識的傳遞方式主要就是語言，靠口耳相傳的方式記錄歷史與情感表達。人類的生活經歷、生命情感也依靠著「說故事」來「記錄」。是即人們口中常說的「傳說時代」。然而文字的出現讓「故事」不僅能夠分享，還能記錄，還能更好、更廣泛地保留、積累和傳承。

《史記》「紀傳體」這個體裁的出現，讓「信史」有了依託，讓「故事」有了新的準則：文詞精鍊，詞彙豐富，語言精切淺白；豐富的思想內容，不虛美、不隱惡。選擇人物一生中最有典型意義的事件，來突出人物的性格特徵，以對事件的細節描寫烘托人物的情感表現，用符合人物身份的語言，表現人物的神情態度、愛好取捨。生動、雋永而又情味盎然。

「故事」中的人物和事件，從來就是人類的「熱門話題」。她是茶餘飯後的趣味談資，是小說家的鮮活素材，是政治學、人類學、社會學等取之無盡、用之不竭的研究依據和事實佐證。

中國歷史上下五千年，人物眾多，事件繁複，神話傳說與歷史事實並存，正史與野史交錯互映，頭緒繁多，內容龐雜，可謂浩如煙海、精彩紛呈，展現了中華文化的源遠流長與博大精深。讓「故事」的題材取之不盡，用之不竭。而其深厚的文化底蘊如何呈現，怎樣傳承，使之重光，無疑成為《嗨！有趣的故事》出版的緣起與意趣。

《嗨！有趣的故事》秉持典籍史料所承載的歷史精神，力圖反映歷史的精彩與真實。深入淺出的文字使「故事」更為生動，更為循循善誘、發人深思。

《嗨！有趣的故事》以蘊含了或高亢激昂或哀婉悲痛的歷史現場，以對古往今來無數先賢英烈的思想、事蹟和他們事業成就的鮮活呈現，於協助讀者不斷豐富歷史視域和深度思考的同時，不斷獲得人生啟迪和現實思考，並從中汲取力量，豐富精神世界，在實現自我人生價值和彰顯時代精神的大道上，毅勇精進，不斷提升。

#【導讀】

廉頗，戰國時趙國名將。他驍勇善戰，征戰四方，以英勇果敢名聞於列國。

趙惠文王時，率趙軍攻打齊國，取得陽晉大捷，被拜為上卿。後多次擊敗秦軍的入侵。趙孝成王四年（前二六二年），長平之戰開始。最初，廉頗為了避秦軍的鋒芒，堅守不出，讓對方無計可施。後秦國採用反間計，趙王改用只會紙上談兵的趙括代替廉頗，結果趙國大敗，四十餘萬趙軍被白起坑殺。

後來，秦國再次攻打趙國，圍攻邯鄲，廉頗率領趙軍堅壁清野，與秦兵展開了曠日持久的對抗，最終在魏楚聯軍的幫助下，取得了邯鄲保衛戰的勝利。

趙孝成王十五年（前二五一年），燕國進攻趙國，廉頗大破燕軍，包圍燕國都城。燕國割五城求和。廉頗被封為信平君。

趙悼襄王繼位以後，聽信寵臣郭開的讒言，致使廉頗投奔魏國大梁。後來在秦國不斷攻打趙國時，趙王才終於又想起了廉頗，但因使者被郭開收買，廉頗渴望再為趙國馳騁疆場的願望終成泡影。

廉頗與趙國的李牧，秦國的白起、王翦並稱戰國四大名將。他為趙國開疆守土，立下了赫赫戰功，但老年流落異鄉。雖然心繫趙國，終於沒有機會為國效力，最後客死他鄉，讓人悲歎。

除了軍事才能，廉頗最具傳奇色彩的故事，是「負荊請罪」。在司馬遷的筆下，他有大局意識，勇於承認錯誤，處處以國家利益為重，最終與藺相如一起書寫了被譽為千古美談的「將相和」。

可以說，廉頗不僅是一代名將，他的心懷家國、光明磊落、勇於自我批評的品質更值得後世學習和銘記。

目錄

陽晉大捷

一

將近一年的時間裏，廉頗幾乎成了鋼鐵之軀、戰鬥之神，成了一個精神符號。

自包圍陽晉以來，他便一直處於奮張的情緒之中。每天，當他站在遠處觀望那座城池的時候，都會有一種莫名的激動。尤其在夕陽中，那高高的箭樓，斑駁的城牆，城頭上飄揚的大旗，甚至牆上的草，都會愈發莊嚴肅穆，讓他神往。他無法猜測城內守軍與百姓的現狀。他只渴望，城牆上明天能插上趙國的旗幟。

自從伐齊以來，他的生命就和士兵、鼓角和營帳融為一體，不可分割。白天，他身先士卒，血染戰袍；夜晚，他巡營瞭哨，枕戈待旦。他的臉愈來愈瘦削，但卻刻滿了堅毅；眼睛裏的血絲愈來愈密，但卻充滿了光芒。他知道，他正在為自己的國家開疆拓土，他正在為自己的人生書寫輝煌。人生只有短短幾十年，但這短短幾十年可以讓他名垂青史。

「大丈夫生當如是！」想到此，他那不動聲色的臉上竟然有了一絲笑意。

夜色已深，天上寒星閃爍，風吹戰旗刷啦啦響。廉頗似乎很久沒有感受到這樣的安靜了。白天剛剛打過一仗，他的將士們太累了，現在早已進入了夢鄉，但他睡不著。他在想明天的戰況。他已經在軍營裏巡視了很久，但依然毫無睡意。他喜歡聽士兵們那此起彼伏的鼾聲，那麼親切，那麼溫暖。

可惜這是在戰場上，如果在家鄉，不眠之夜聽聽這熟悉的鼾聲，也許就是一曲醉人的催眠曲呢。

他想。旋即又被自己這種近乎荒誕的想法嚇了一跳。

他這樣邊想邊走，不覺間走進士兵的帳篷。看到躺著的士兵，即使睡覺還保持著整齊的秩序，他有點欣慰，有點驕傲。他輕輕地蹲下來，為靠門的士兵掖了掖毯子。看著那張年輕的臉，他竟然有點動情。他伸出粗糙有力的手掌，輕輕撫摸他，彷彿在撫摸自己的孩子。

那名士兵突然睜開眼睛，醒了，這是長時間軍旅生涯練就的警覺，是習慣，也是素養。他剛要掙扎著坐起來大喊，嘴巴卻被一隻大手摀住了。肩膀上的另一隻大手，讓他動彈不得。

「廉將軍……」士兵的聲音似乎來自肺腑，而不是喉嚨。廉頗能從那灼熱的氣流裏感受到震驚和感動。

他鬆開捂在士兵嘴上的手，放在自己嘴上，輕輕「噓」了一聲，另一隻手則輕輕拍了拍士兵的肩膀，示意他繼續睡，不要吵醒大家，然後，才緩緩地站起身來，走出了帳篷……

這一夜，那個無名士兵的夢被擾亂了。他想，白天那個不怒自威的將軍怎麼會有這樣的溫情時刻；他想，那雙在千軍萬馬中斬殺敵方大將人頭如探囊取物般輕鬆的大手怎麼會如此柔軟；他想，傳說中那個讓對手聞風喪膽的人怎麼會來去如此輕盈；他想……

廉頗回到中軍大帳，天已微亮，東方的天空微白。

他也在想那個年輕的士兵，他是誰的兒子？

他姓字名誰？他知不知道自己打仗是為了什麼？

他在戰場上害怕過嗎？一連串的問題，竟讓這個見慣了血肉橫飛場面的男人也心軟了一下。但很快，他便從那種類似神遊的狀態中恢復了常態。就要升帳了。明天，他還要面對一場大戰。

點卯時刻，將校整齊排列兩旁，傳令兵站在一旁，中軍大帳威嚴如虎。

坐在大帳中間，廉頗聲如洪鐘：「諸位將軍，陽晉大戰就在今天。我們一定要拿下它，只許上前，不許退後，違令者斬！」

「遵命！」那些分列兩邊的將軍們士氣高漲。

因為，這一路上，跟著廉將軍，他們已經獲得了太多的勝利，獲得了太多的榮譽。

他們相信這個人，崇拜這個人。在他們心中，廉頗就是一座值得依賴的大山，是一個攻無不克戰無不勝的神。

此時，每個人心中都有一幅慘烈異常的畫面：那上面，有高高的城牆，有如雨的箭陣，有雲梯，有旌旗，有紛紛倒下的屍首，而畫面中最醒目的，當然是那耀眼而又悲壯的鮮血。然而，他們不會恐懼，更不會退縮，因為，他們知道，帶領他們的是聲震列國的廉頗；與他們一起衝鋒陷陣、同甘共苦的是兄長一般的廉將軍。

二

這是趙惠文王十六年（前二八三年）。

在此之前，秦軍多次攻打趙國，但都被廉頗率軍擊退。那時，秦國士兵聽到廉頗的名字都會膽寒。於是，秦軍不得不改變策略，與趙國結盟。然後，秦趙聯合韓國、燕國、魏國一起攻打齊國。而廉頗，則是趙軍的統帥。

對於秦王來說，這次五國共同伐齊，並不是真正的軍事行動，而是為了實現他們的政治意圖。所以，面對齊軍，秦軍並沒有全力以赴。而韓國、燕國和魏國，也多持觀望態度，雖和齊國有交鋒，但也都首鼠兩端。但廉頗不管這些，他是一名將軍，他的使命是為了國家利益，他的生命在沙場。

現在，廉頗已經率軍深入齊國境內。他的眼前是陽晉，他要把它攻下，讓這座城池插上趙國的旗幟。他不理會其他四國的軍隊是否與之形成相互援助之勢，他只知道，現在的齊國，筋疲力竭，已經命懸一線。他不能浪費這個為國攻城拔寨的絕佳時機。

陽晉城外，旌旗招展，刀槍林立，將士的鎧甲在陽光下發出寒光。駕著雲梯的士兵和弓箭手早已嚴陣以待。那些戰馬，似乎早已嗅到了空氣中的血腥之氣，開始不安起來，不時喘著粗氣，用馬蹄踢蹚地面。

廉頗穩穩地坐在馬上，他並不著急下命令攻城。他還在觀望，在等待。他看到陽晉城上旗幟似乎有些飄搖，看到站在城上的將軍似乎有些木然，甚至，他似乎還看到了藏在城牆後面的齊兵那蒼白失神的臉……他的身子在馬上微微前傾，然後，舉起令旗，如虎嘯龍吟一般發出命令——攻城！那聲音彷彿一道閃電，瞬間撕裂天空。

霎時，鼓聲震天，風雲變色。趙國的士兵如潮水一般湧上去，但並不凌亂，而是嚴整有序。架雲梯的士兵冒著箭雨衝向牆根，弓箭手蹲著朝城上放箭掩護，步兵和馬隊各司其職，都在相機而動。前面的士兵倒下了，後面的士兵繼續向前衝。每一個人都在怒吼，聲音似乎都被撕裂了；每一個人的眼睛裏都在噴火，那火焰似乎把鮮血都照亮了。

時間一點點過去。雙方互有傷亡。在拉鋸一樣的戰鬥中，許多士兵都用盡了氣力，不再吶喊。空氣似乎凝固了。

一名大將慢慢靠近廉頗，低聲說：「廉將軍，是否可以停一停，商量一下，是不是改變作戰的方略？」廉頗端坐馬上，沒有回答。但突然提起韁繩，胯下的戰馬前蹄高揚，然後，揚鞭縱馬，高聲大呼：「三軍將士，我廉頗在此，陽晉城屬於趙國！隨我來！」

這穿雲裂石的呼聲，瞬間化為一股力量，傳遞到每一位趙國士兵的身上。看著自己的統帥奮不顧身，一馬當先，他們也像虎豹一樣再次騰躍而起。

愈來愈多的雲梯架起來，愈來愈多的趙國士兵爬上了城牆。愈來愈多的齊兵從城牆上掉下來，他們四散而逃，邊跑邊喊：「廉頗來了……廉頗來了……」

夕陽西下，一抹紅雲塗在天空。廉頗打馬進城。那一刻，他並沒有特別興奮，因為他要做的事情太多。到了陽晉城中，他首先下令，不許騷擾百姓，違令者斬。然後，又告誡眾將士，陽晉雖然已經攻下，但仍不可懈怠，稍作休整之後，還有大仗要打。

然而，他自己卻真的有點吃不消了。這些日子以來，神經繃得太緊了。他需要休息一下，養精蓄銳。下一個目標，便是繼續向前，直逼齊國都城臨淄。這是他的目標，他的願望，為了趙國，也為了自己。

和將士們喝完慶功酒，廉頗剛要躺下的時候，外面有人來報，趙王的使者到了……

三

他有些意外。剛剛取得的陽晉大捷的消息，不可能這麼快就傳回趙國。他猜不出使者會帶來什麼消息，但卻隱隱有一種不祥之感，於是，睡意全消。

使者來了，遠遠地就傳來祝賀之聲：「恭祝廉將軍陽晉大捷！這一路上，我聽得最多的，就是趙軍之威，廉頗之名啊！」

面對這樣的讚許，廉頗只是擺了擺手，他請使者坐下，讓手下獻茶，並沒有問使者所為何來。

使者喝著茶，眼睛卻一刻也沒有離開廉頗的臉。他看到的是一張類似斧削刀刻一樣的臉，粗礪，黝黑，有稜有角，透著風霜的凌厲和歲月的洗禮。

「將軍可知我來此處的目的？」他試探性地問廉頗。

廉頗不語。使者沒有直說此行目的，這似乎驗證了他的不祥之感不是空穴來風，而是有緣由的。

他慢慢地抬起眼睛問：「使者是代大王犒賞三軍，鼓舞士氣，還是命令趁勢追擊，直搗齊國都城臨淄？」

使者並沒有立刻回答。他又低頭喝茶了。

「先生此來，到底為何？」廉頗有點坐不住了，他忽然覺得心口有點堵。

「大王命令廉將軍撤軍！」使者幽幽地說。

「為什麼？現在，咱們的軍隊勢如破竹，齊人望風而逃，為什麼不一鼓作氣，攻下他們的都城，讓齊國割地賠城，徹底臣服？」廉頗一下子站起來，聲音也提高了八度。但旋即他意識到自己在使者面前有些失態，又坐了下來。

「廉將軍，我理解你此時的感受！你們剛剛取得大勝，但這只是陣前。你有所不知，那四國都已經準備班師了。大王擔心，他們一旦撤軍，那麼，將軍便是孤軍深入，身後無援，這可是兵家大忌呀！」使者說。

好長時間，兩個人都不再說話。屋子裏一片沉寂，沉寂得連兩人的心跳都顯得有點突兀，呼吸都顯得濁重。

許久，廉頗才緩緩地吐出兩個字——「好吧」。那聲音彷彿從遙遠的地方傳來，感覺有千斤之重，連他自己都吃了一驚。

第二天，當三軍將士集合完畢，廉頗站到點將台上，用眼睛掃了掃這些跟著他浴血奮戰的將士們，一時間，百感交集。一方面，他有點遺憾，遺憾他們不能再繼續衝鋒陷陣、為國立功了；另一方面，他又有些許慶幸，為眼前這些活著的將士們，能早日班師回朝，和家人團聚。

他的喉嚨有點緊，聲音有點啞，但字字清晰、有力——「奉大王令，撤軍回國！」

聽到撤軍的命令，將士們簡直不敢相信自己的耳朵，因為，就在昨日，廉將軍在慶功會上還激勵三軍要乘勝追擊。一夜之間，怎麼竟有了翻天覆地的變化？他們想不通，但沒有一個人敢質問。廉將軍的話就是最後的命令，他們必須服從。

來如潮湧，去如湧潮。軍令如山，趙國的士兵重整旗鼓，再度出發。只不過，這一次不是氣壯山河地進軍，而是有點狐疑地回撤。他們實在想不出撤軍的理由。他們離最後的勝利似乎就差那麼一點點了。功敗垂成，怎能不讓人歎惋。他們都等著廉將軍解釋原因，對他們，也對死去的弟兄們。然而，廉將軍發出撤軍的命令後一直沉默著。於是，這支曾經戰無不勝的大軍，就這樣撤離了他們剛剛用鮮血換來的城池。

等陽晉城裏的齊人出來看時，趙軍早已無影無蹤。他們紛紛走上街頭，相互詢問，趙軍為什麼會撤軍？趙國的士兵究竟長得什麼樣？有誰見到了大名鼎鼎的廉頗？沒有人能回答，這一切，都將成為口口相傳的傳說。正如那城外的護城河水，它們沖刷過那麼多將士的鮮血，但並沒有被死亡阻滯，而是日夜汩汩流淌，永不止息。

回到邯鄲的廉頗，接受了趙惠文王最高的禮遇。因為，此次伐齊，在其他國家逡巡不前的情況下，只有廉頗率領的趙軍作戰最堅決，戰果最豐碩。趙國打出了聲威，打出了臉面。廉頗被拜為上卿，出入大大小小的宴會，每一個人都會舉著酒杯向他致敬。那些日子，他聽得最多的話就是，陽晉一役，廉將軍居功至偉！每一次，他都只是微微一笑，把杯中的酒一飲而盡。他有許多話想說，但不知從何說起，也不知該對誰講。他只知道，他們雖然取得了勝利，但付出的也太多了，那麼多將士的鮮血灑在齊國的土地上，卻沒有為趙國換來更多的疆土。每當那些將士捐軀的慘烈場面浮現腦海，他常常淚下沾襟，不能自已。

後來，在分析了各國局勢之後，他終於明白趙王的後顧之憂。秦國雖然聯合其他四國共同伐齊，但他們不過是想藉由攻打齊國來削弱其他四國的國力，然後，坐收漁翁之利。廉頗知道，趙國最大的敵人是秦國。秦國一直都在虎視眈眈，尋找機會，覬覦趙國的山河城池。他是一名將軍，不是說客。憑藉三寸不爛之舌遊走於列國止住甲兵的，那是說客們的事情。作為一名將軍，他要做的，就是隨時準備再上戰場，和來犯的敵人兵戎相見、以鮮血報效國家。

完璧歸趙

一

日升日落，是自然的光景；春去秋來，是季節的流轉。對於廉頗來說，這些他都無暇體會。他負責著這個國家的安全，無法讓自己從那些政事與軍務中閒下來。從陽晉回來，在經歷了短暫的失落與糾結之後，他又恢復了日常的忙碌。

這一天，廉頗正在家中與門客們談論天下形勢，忽然聽到大街上傳來嘈雜的人聲。那陣勢，就像集市一般。他不知道外面發生了什麼，就派家人去外面打聽。一會兒，家人便興匆匆地跑進來報告：「將軍，楚國向趙國求婚了！我們大王得到和氏璧了！」

「和氏璧？難道是楚國卞和發現的那塊美玉嗎？」廉頗想。他早就知道楚國向趙國求婚，但沒想到，他們會帶來和氏璧。他聽說過卞和的故事，覺得卞和真是一個癡人。

為了一塊玉石，被人砍了腳竟然不傷心，卻為美玉無人識而哭泣。不過，從內心裏，他又敬佩卞和。他覺得，這個人身上有股精神，這是所有成大事者都必須具備的一種品質。

但眼下，他不知道這塊美玉能給趙國帶來什麼。人們這樣高興是否有點過頭了？根據以往的經驗，他覺得這塊和氏璧肯定會引發一些事情。

果然，沒幾天，趙王便急匆匆召見了廉頗和諸位大臣。

趙王說：「秦王已知道和氏璧到了趙國，現在派使臣來，想用十五座城池交換。我們該怎麼辦呢，答應還是不答應？」

趙王的話剛說完，大殿內便像炸了鍋一樣，人們議論紛紛。有人說，用一塊和氏璧換十五座城池，這樣的交易太值了；有人說，秦王太奸詐，他所謂的用城池換玉石，說不定是一個騙局。每個人都可以說出一堆理由來駁斥對方，但又無法回答對方的質問。趙王一會兒看看這個，一會兒又看看那個，他不知道該聽誰的。於是，他把眼光投向廉頗，想聽聽他的意見。

廉頗一直沒有說話，只是聽著，但大腦卻急速地運轉，在分析判斷。當發現趙王正盯著自己時，他才意識到，該發表意見了。

於是，他向前走了一步，對趙王說：「秦王的確奸詐，這是天下共知的，給了他和氏璧，幾乎可以斷定得不到城池，等於白白受騙；但如果斷然回絕，以秦王的貪婪，恐怕會立刻興兵攻打我們。我們現在要做的，是派一個能夠察言觀色、善於應對的人去秦國，探清虛實，見機行事。既不會上當受騙，又不給秦國攻打我們的理由。這才是萬全之策。」

此話一出，那些喋喋不休的人立刻閉上了嘴巴，他們瞭解廉頗說話的份量，也聽得出廉頗的話更有道理。

趙王頻頻點頭，他覺得廉頗說的就是他想的。只是，腦中卻想不出誰適合這個出使的任務。廉頗是武將，帶兵打仗是他的長項；察言觀色，能言善辯，左右逢源，那應該是謀士的拿手好戲。於是他對眾大臣說：「廉將軍說得極是！眾卿之中有哪位願意去回覆秦王？」

大殿上陷入令人難堪的寂靜。所有人都低下了頭，裝作思考的樣子。就連廉頗，也沒有想到合適的人。誰能擔當這個重任呢？這不是一般的差事，頭上可是頂著萬鈞重擔。誰都知道，秦國是虎狼之國，稍有不慎，不但毀了一世聲名，怕性命都有危險呢！

趙王滿懷期待地望著群臣，然而卻沒有一個人回應。他有些失望，壓低了聲音說：「如果眾卿之中沒有人出使秦國，莫非還要張榜懸賞嗎？」

所有人都聽出了趙王的弦外之音，但這個差事的確太燙手，已經遠遠超出了他們的能力範圍，他們有自知之明。

正在這時，宦者令繆賢站了出來對趙王說：「大王，我覺得我的門客藺相如可以勝任！」

此話一出，人們似乎在漫漫長夜中發現了一線曙光，大家的目光齊刷刷轉向繆賢。

趙王一直陰沉的臉瞬間有了笑意，聲音也緩和了許多：「我們這裏全是國家的棟樑之才，都無人請繆，你憑什麼斷定一個門客可以完成這個使命呢？這可不是兒戲，而是關乎國家命運的大事呀！」

繆賢回答說：「大王是否還記得，臣曾經違反律法。那時，我惶惶不可終日，生怕大王治罪。於是，就私下裏和門客商量，想逃往燕國避難。許多門客都同意，但藺相如卻站出來阻攔我。」

「他為什麼要阻攔呢？」趙王的身子不覺間已向前挪了幾分。大家的好奇心也被勾起來了。他們急切地想知道，這個藺相如出了什麼絕妙主意，能讓繆賢如此敬佩。

「他並沒有說他阻攔的理由，而是問我：『您要逃亡燕國，您怎麼知道燕王會接納呢？您瞭解燕王嗎？』我對他說：『我以前曾經跟隨大王與燕王會見，燕王私下裏握著我的手說，願意和我交個朋友。我覺得燕王瞭解我、信任我，把我當成朋友，所以想去投奔他。』」

趙王微微一笑，那笑裏有輕蔑，也有嘲諷，他覺得繆賢有點不自量力，一個諸侯能和一個宦者令交朋友？不只是趙王，大殿裏的人也都這麼覺得。

繆賢一邊說，一邊偷偷地觀察趙王，他當然發現了趙王臉上的變化，更明白那一笑意味著什麼。

他的臉有點發燙，繼續說：「臣知道，這有點一廂情願和非份之想，但在當時走投無路的時候，我確實覺得燕王是一線希望，是一根救命的稻草。而藺相如，恰恰就看出了這一點！」

「他對我說：『趙國比燕國實力強大，您又是趙王寵幸的人，燕王當然願意親近你，那不是因為您個人，而是因為趙王啊。所以，他看重的不是您這個人，而是您和趙王的關係，您竟然看不出這點，那就有點愚蠢了！以現在趙國和燕國的實力對比，您逃到燕國，我想得到的肯定不是燕王的酒宴，而是燕王的枷鎖吧！為了討好趙王，他肯定要把您做為囚犯捆起來，送到趙王面前……』」

聽到這裏，趙王不覺噗哧一笑，也有大臣憋不住笑出了聲，大殿的氣氛頓時變得輕鬆起來。

繆賢覺得有點難堪，所以，他加快了說話的速度：「最後，他勸我：『您現在最好的選擇就是脫掉上衣，露出肩背，誠懇地伏在刀斧下，請求趙王治罪。如果趙王感念舊恩，或許您還能僥倖被赦免。這雖然冒險，卻是最好的也是唯一的出路！』臣想了很久，覺得他說得有道理。於是忐忑不安地向大王請罪，結果，大王也真如藺相如推測的那樣赦免了臣。所以，臣覺得藺相如有膽識，有謀略，應該能完成大王的出使任務！」說完這些，繆賢像是終於卸下了身上的千斤重擔，長舒了一口氣。

聽了繆賢的話，大家似乎都被那個從未謀面的門客折服了。此刻，所有的人，包括廉頗，都想盡快見到那個叫藺相如的門客，看一看是否真如繆賢誇的那樣，有氣度，有見識，有膽量。

二

藺相如被召到殿上，對著趙王長揖到地，舉止得體，不卑不亢。當他抬起頭來，眾人仔細打量，卻見一個神清氣朗、玉樹臨風的書生，眉宇之間透著一股英氣。若非聽繆賢介紹過他的身份，誰也不會把眼前這個人和卑微的門客聯繫起來。廉頗見了，也暗暗讚歎。但他又懷疑，眼前這個人真的能完成這個重大的使命嗎？

趙王想再進一步試探一下。他沒有直接問藺相如是否能出使秦國，而是把最初的問題又重複了一遍，他想看看藺相如的反應。

藺相如朗聲答道：「如果不答應秦國的條件，拒絕交換，那麼理虧的是趙國；如果答應了秦國的要求，把和氏璧給他，而他不履行承諾，那麼理虧的是秦國。衡量利弊，我覺得大王還是應該答應秦國的要求，至少禮數上不虧。然後派一個使者帶著和氏璧去秦國，隨機應變，既不給秦國以反目的口實，也能捍衛趙國的利益和尊嚴！」

「那麼，你覺得派誰去合適呢？」趙王欲擒故縱。頃刻間，所有的目光都聚焦到藺相如臉上，空氣中再次瀰漫著緊張的氣息。他們擔心藺相如徒有其名，也怕他膽怯推辭，更擔心出使的難題再次落在他們身上。

沒想到，藺相如早已成竹在胸，他毫不遲疑地回答：「如果趙王找不到別人，我願意捧著和氏璧出使秦國。我保證，如果秦王把十五座城池劃入趙國版圖，那麼，和氏璧就留在秦國；如果秦王只是空頭許諾，臣一定完璧歸趙！」這一番話，說得鏗鏘有力，擲地有聲，讓人不覺豪氣頓生。

「好！」趙王拍案而起。「速去準備車馬，遣藺相如出使秦國！」

三

這是藺相如第一次來到秦國的都城咸陽。咸陽城內房屋鱗次櫛比，街道儼然。然而，他沒有閒暇去觀賞關中大地的風景，沒有心情去瞭解這裏的風土人情，他需要認真梳理一下思路，預設一下見到秦王以後可能發生的情況，他必須考慮周全，做到心中有數。因為，他這次使秦，不是代表自己，而是代表趙國；他隨身攜帶的，也不只是一塊美玉，還有國家利益和國家尊嚴，馬虎不得，也怠慢不得。

他吩咐侍衛，要嚴密觀察過往人員，也命令侍從，要時刻警惕，不能離開和氏璧半步，以防不測。

章台宮外，建在高台之上的宮殿更顯巍峨，連綿不斷的樓閣錯落有致，簷牙高啄。手握長戈的兵士站在長長的台階兩旁，面無表情，透著一股冰冷的氣息。藺相如捧著和氏璧跟在秦國負責接待的官員身後，步履從容，神情自如。

進入大殿，藺相如但見殿內黑色的帷幔高垂，四根巨大的原木作為殿內的立柱，古樸而又沉穩。香爐之中，香氣繚繞。群臣侍立兩旁，都隨著藺相如緩緩前行的身形扭動脖子。而秦王坐於案几後，態度隨意而又輕佻。身後的侍妾侍女妖豔無比。

藺相如心裏一緊。他隱隱感覺，這個氣氛不對。對待外國的使臣，秦王這個樣子顯得太無禮了。但他還是穩定了一下情緒，長拜之後，對秦王說：「臣藺相如，奉趙王之命，攜和氏璧出使秦國，獻於大王！」

「快快呈上來！」秦王大喜，揮舞著胳膊命令侍臣。

秦王把和氏璧捧在手裏，他的眼睛瞇起來，湊近了看，舉起來看，甚至還把和氏璧放在鼻子下聞了聞。然後，他隨手把它遞給了後面的侍妾。侍妾們拿到和氏璧，都瞪大了眼睛圍過來。和氏璧在那些纖纖玉手裏傳來傳去，她們發出陣陣讚歎。隨後，那塊玉石傳給了侍從，又傳給了大臣，每個拿到玉石的人都嘖嘖有聲。侍妾、侍從、大臣，都向秦王拱手祝賀，彷彿這美玉已屬秦王。秦王眉開眼笑，傲慢而又自得。

藺相如看到這一切，心裏已明白，秦國答應的十五座城池是絕對得不到了，在秦王眼中，這塊美玉原本就該屬於他，趙國只不過是替他保管了幾天，現在它又回到了自己手中。這是秦王的想法。想到這裏，藺相如便走上前，對秦王說：「這塊美玉並非傳說中的完美無瑕，它上面有一處斑點，請讓我指給大王看！」

秦王趕忙讓侍衛把和氏璧遞給藺相如。沒想到，藺相如拿到和氏璧，迅速跑到柱子旁邊，舉起玉石，做出要摔的樣子。然後，他直視秦王，大聲說道：「大王想得到和氏璧，派人給趙王送信，說是想用十五座城池換取和氏璧。趙王聽說之後，拿不定主意。於是，他召集大臣們商議。大家都說：『秦國太貪婪，他不會捨棄十五座城池來換一塊玉石的，他只是依仗他的勢力，想威脅趙國，以達到白白得到和氏璧的目的。』所以，商議的結果是：不把和氏璧送給秦國。」

從把和氏璧還給藺相如，到藺如相在柱子旁站定，這一切來得太快，秦王有些訝異，殿內的大臣也都不知所措。他們不知道藺相如為什麼會突然跑起來，又為什麼站到立柱旁。直到藺相如說完這些話，秦王方才如大夢初醒般怔怔地望著藺相如：「那又怎樣呢？」

「是我，在趙王面前擔保，秦國不會這樣的！我認為，平民百姓之間交往尚且講誠信，不相欺，更何況是大國之間呢？再說了，因為一塊美玉，便引起秦國的不滿，這也不是明智之舉。所以，趙王才答應讓我來出使秦國，獻上美玉。為了表示鄭重和敬意，趙王還專門為此齋戒了五天。而現在，大王卻沒有表示出足夠的誠意。不僅在普通的大殿上接見我，而且把和氏璧傳給姬妾，如此傲慢無禮，那是對我的無視和戲弄。所以，我斷定，大王並沒有給趙國十五座城池的意思，這才又想辦法收回了美玉。如果大王一定要強行逼我，那麼，今天我的頭就和美玉一起在這柱子上撞碎，讓您既得不到美玉，還將失信於列國諸侯。請大王明鑑！」說完這些，藺相如便手持和氏璧，用眼角的餘光看著秦王，傾身就要向柱子撞去。

秦王連忙站起身，伸出雙手說：「先生且慢！先生且慢！怠慢了先生，是我的過錯，請先生原諒！我絕不會失信的。」隨即，命令一名官員打開地圖，草草地比畫著從哪裏到哪裏是要給趙國的十五座城池。

藺相如認為，這還是秦王的緩兵之計，他沒有足夠的誠意。那十五座城池僅僅是地圖上的符號，並不代表什麼。但此時形勢所迫，無法再當面說破，他此時最重要的任務是保護和氏璧。於是，藺相如又換為誠懇的語氣：「我相信大王說的是真心話！不過，和氏璧是天下公認的寶物，趙王為了表示對您的敬意，所以才派我把它送給大王；在此之前，趙王齋戒了五天，我希望大王也齋戒五日，然後，在大殿上安排九賓大典，那時候，我才能把和氏璧獻於大王。」

看著藺相如視死如歸的樣子，秦王明白，強奪是不可能的了。於是，他順水推舟，裝作很誠懇的樣子，答應了藺相如提出的條件，並把他安排在廣成館驛，命令五天之後再舉行正式的典禮。

夜色籠罩著廣成館驛，驛舍中寂靜無聲，凸起的屋脊與飛簷，彷彿與夜空搏擊的鬼魅，顯得陰森恐怖。從章台宮來到這裏，藺相如茶飯不思，水米未進，他一直坐在那裏，眉頭緊鎖。看著藺相如這副凝重的樣子，底下人都小心翼翼。外面的侍衛說話都壓低了聲音，走路也不敢把腳抬高。

藺相如在思考，該如何應對眼前這種局勢。夜長夢多，秦王貪婪而無信，身在秦地，一切都不可預料。他覺得自己必須要做一個決定了。他只有時刻謹慎，不能出半點差錯，才能不辱使命，不負趙王之託。燈光搖曳，他的影子鋪在地上，微微晃動。忽然，他站起身來，叫來侍衛，吩咐：「立刻帶上和氏璧，連夜出發，從小路返回趙國！」

「那先生您呢？」侍衛似乎也從藺相如嚴肅的面孔中感受到了緊張，他的聲音有些顫抖。

「不要管我，我自有對策！和氏璧一定要安全送回趙國，絕不能落在秦王手中！」藺相如說。

四

五天裏，秦王根本就沒有齋戒，不是不能，而是不想。他日夜和群臣飲酒作樂。宴會上，他們談起和氏璧和藺相如。有一個大臣不解地問秦王：「和氏璧並沒有特殊之處，不過是一塊美玉，大王為什麼要用十五座城池換它呢？」秦王笑而不答。

其他的大臣都笑那個人愚鈍。有些事情是不能說透的，只能意會不可言傳。其實，大多數人都懂得秦王的心思，他絕不會用城池換一塊玉石的。對於一個心裏只有土地的國君而言，和氏璧和其他的玉石沒有區別。他之所以寫信給趙王，不過是一種政治策略。他想試探一下趙國對秦國的態度，和氏璧僅僅是個漂亮的藉口。他最想要的，絕不是一塊美玉，而是趙國的土地。他之所以答應藺相如要齋戒，那不過是做做樣子。

五天之後，秦王派人去請藺相如。

藺相如來了。禮樂響起，鐘鼓齊鳴。大殿上，台階上，是排列整齊的禮官，九賓之禮依次進行。秦王及群臣態度莊重。然而，在藺相如看來，這一切都不過是演戲。總導演是秦王，主角也是秦王，那些禮官不過是跑龍套的。所以，他不以為意，耐心地等待這些禮儀結束，才緩緩走上大殿。

秦王和大臣們都注意到了，藺相如兩手空空，他們一時沒有反應過來，這個剛剛接受了大禮的人究竟賣什麼關子？秦王和眾大臣都莫名所以。他們實在不敢想像，這個叫藺相如的人還會做出什麼超出他們想像的事來。

但藺相如並沒有給他們太長的時間去猜測。禮畢之後，沒等秦王發問，他便先聲奪人：「大王，我必須稟告您，和氏璧已不在秦國，我已命人把它帶回趙國，現在已經又回到了趙王手中！」

「你竟敢……」大殿之內，秦國的大臣頓時群情激憤。這邊隆重地舉行儀式，而和氏璧卻已經不在了。他們覺得這個玩笑開得有點大，恨不得衝上去把藺相如碎屍萬段。但藺相如並沒有理會他們，彷彿他們都是空氣。他的眼睛只盯著秦王。

秦王強壓怒火，一字一頓地問：「我已經按照你的要求做到了齋戒五日，完成了九賓之禮！你也應該實現你的諾言！而現在，你竟然違背諾言，為什麼？」最後一句，是質問，更是威脅。他真的不敢相信，自己心心念念的和氏璧已不在這裏；他更不敢相信，這個卑微的使臣竟敢這樣無視他的權威。他一直都以為獵物就在手中，沒想到，竟然被獵物耍了。

藺相如早已料到秦王會這樣詰問，五天來，他無時無刻不在思索這一天會發生什麼。他早已做好了最壞的打算。但現在，秦王的表現並沒有朝最壞的方向發展。那些大臣都躍躍欲試，秦王並沒有理會；那些虎狼之士就在殿外，秦王並沒有召他們上來。他知道，自己已經達到了目的，對手猜不出他究竟要打什麼主意，所以，他變得更加鎮定自若。因為，眼前的變化正朝著他預設的方向走，這就是勝利的開始。秦王已經被激怒，但還在可控的範圍之內，他還保持著一個國君的體面。那麼，現在應該做的是，繼續激怒他。

他改變了語調，沒有了最初的謙恭，而是字字帶刀，句句帶刺：「大王，這實在不應該怪我，而應該怪您自己。因為，這都是大王您和您的祖輩給世人留下的印象。在世人眼中，秦國從繆公開始一直到大王您，從來就沒有一個信守盟約的。你們總是前面說了，後面就忘；人前說，人後又忘。你們似乎只是對自己信守承諾，而對別人，永遠只有欺騙。這絕不是我一個人的偏見，而是天下人的共識。不是別人不願意相信秦國，而是秦國總自己破壞自己的形象！」

「住口！」群臣再次想打斷藺相如，武將們都已橫眉豎目，雙拳緊握了。那些殿外侍立的武士，刀劍早已出鞘，只等秦王一聲令下，便衝上來把藺相如碎屍萬段。

秦王鐵青著臉，並沒有發出命令。只是，他的手已經拄到案几上，身體在抖動，案几上的酒樽也在微微顫動。

「我之所以這樣做，並不是有意欺騙大王，實在是因為我不敢冒被大王欺騙的風險啊！因為，我不是代表我自己，而是代表整個趙國。一個國家不能被另一個國家白白地欺騙，這是原則，更是立場！現在的情況是，我已經派人帶著和氏璧從小路回到趙國，這裏只剩下我一個人。在此之前，趙國已經按您的要求把和氏璧送到了秦國，所以，欺騙您的不是趙國，也不是趙王，而是我藺相如。所以，是砍頭還是下油鍋，任憑大王處置！」藺相如說得有理有據、大義凜然。

「殺了他！」群臣喊。殿外的武士聽到喊聲，都衝到門口。然而，沒有秦王的命令，他們仍然不敢進殿。

秦王不語。他的眼睛依然死死地盯著藺相如，但眼裏的殺氣已經不在。藺相如的話像箭一樣飛過來，射中他的心，讓他憤怒、窒息，同時又讓他羞愧難當。他心裏明白，藺相如的話雖然刺耳，但卻一語中的，因為，他的祖輩和父輩的確沒有信守過承諾，他也沒有。然而，又有哪個諸侯一直信守承諾呢？他想為自己辯解，卻又找不到合適的理由。所以，只能繼續沉默。

藺相如明白，秦王的沉默便是最大的轉機。

於是，說話的語氣也不再鋒利，而是婉轉了許多：「大王想得到和氏璧，其實並不難！和趙國比起來，秦國要強大百倍。只要您信守用十五座城池換和氏璧的承諾，趙王又怎敢不把和氏璧獻出來，又怎敢因為一塊美玉得罪大王呢？我說的都是肺腑之言，還請大王及諸位大臣斟酌！」

「殺了他！」有一個聲音從人群中傳出來，卻沒有人應和，單薄的聲音在空曠的大殿裏顫悠悠地響著，很刺耳，很滑稽。

別的大臣們都不敢輕易發聲，秦王知道，棋下到這一步，他已經輸了，且已無力逆轉，只能在承認輸的前提下挽救一下臉面了。他勸慰自己，也是勸慰群臣說：「事情到了這種地步，殺了藺相如也得不到和氏璧。況且，藺相如說得對，趙王不會因為一塊美玉得罪秦國。我們也不會讓一塊美玉破壞兩國的關係。我們應該做的，是好好款待藺相如，讓他成為兩國交好的使者，讓兩國的友誼世代相傳！」

群臣像是得了赦令，一齊高呼大王英明。於是，大擺筵宴，緊張的氣氛在樂聲中消弭於無形。秦王的心情糟糕透頂，但必須把戲演下去，因為，這是他一手策劃的劇本。沒有人再提和氏璧的事情，彷彿它從來就不曾存在過。他們只是在舉行普通的邦交之禮，沒有先前的波折和不快。然而，藺相如分明在秦人的眼光中，感受到了太多的敵意。不過，他並不在乎。因為，他是趙國人，他已經完成了自己的使命，秦人的敵意，那是再正常不過的事情。

就這樣，藺相如無限風光地被送回了趙國。趙王非常高興，認為他處事得體，不辱使命，加封他為上大夫。

在藺相如的慶功宴上，繆賢表現得比藺相如還要興奮，他四處敬酒，不久便醉了，醉倒後還不忘四處說「我沒有看錯人」。沒有人在意繆賢。許多人都舉著酒杯讚美藺相如，猶如眾星拱月。但藺相如並沒有因為從門客成為上大夫而飄飄然，他始終都是彬彬有禮、謙遜有加。廉頗坐在自己的座位上，並沒有主動上前敬酒。他隱隱地感覺到一點失落，又說不清這點失落從何而來。但他對這個剛剛完成使命的人有一種特殊的感受，他覺得這個人不簡單，是個人才；他還覺得，這個人與眾不同。

澠池之會

一

送走藺相如，秦王和群臣都覺得鬱悶，心有不甘，但又的確想不出該怎樣出這口惡氣。對於秦王來說，慢說十五座城池，一座城池都不會拱手相讓的。一塊美玉，那不過是一件飾物，它不是國家的根本。他最想得到的還是趙國那千里沃野。但眼下，廉頗剛剛取得陽晉大捷，趙國的勢頭正旺，他需要避其鋒芒。和氏璧的事情就算一個小插曲吧。

從此以後，秦王再也沒向趙國提起要用十五座城池換取和氏璧。和氏璧當然也就留在了趙國。

但這只是暫時的和平。沒過兩年，秦王便派兵攻打趙國。秦國大將白起攻佔了趙國的石城（今河南林州），第二年，又攻打趙國，並斬殺趙軍兩萬人。邯鄲震驚，趙王每日擔心。但後來，因為廉頗等諸將的抵禦，秦國的攻勢才算被遏制了。但秦軍陳兵於國門之外，還是讓趙王寢食不安。

從聲勢上看，秦國似乎佔著上風。如果相持下去，秦軍長途奔襲，有太多的後顧之憂；而趙軍卻是在家門口作戰，再加上趙國士兵的頑強和廉頗的勇猛，形勢翻轉也未可知。尤其是，其他國家都在觀望，都盼望秦趙兩敗俱傷，他們好趁機獲利。隨著時間的推移，局勢似乎也愈來愈明朗。

秦王有些焦慮了，他召集大臣商議，想一個什麼辦法，才能讓趙王上當受騙，實現秦國速戰速決的戰略意圖。一個大臣提議說：「大王可以選一個對我們有利的地方，然後，派人請趙王來赴宴。表面上是兩國國君商議和平大計。等到趙王一來，我們便控制住他，主動權就在我們手上了。到那時，或是逼迫他割地獻城，或是乾脆殺死他，就全憑大王意願了！」

秦王的眼睛一亮。他覺得，這是一個可行的計策。於是，他寫了一封信，告訴趙王想在澠池（今河南澠池）舉行宴會，請趙王赴宴，共商兩國之事。信裏的話看似平常，甚至還有些油膩的抒情，但所有人都能看出來，那不是商量，而是命令和威脅。

趙王把信給大臣們看。一時間，空氣彷彿凝結了。這可不是一般的私人會面，而是關係趙王性命和趙國命運的大事。這不同於藺相如出使秦國，而是國君親入虎穴啊。沒有人敢輕易說出自己的意見。廉頗和藺相如都站在那裏，臉色凝重。

良久，才有大臣怯怯地說：「這恐怕是秦王的奸計，大王萬萬不可冒險啊！」此語一出，人們才紛紛站出來勸阻趙王。

等大家差不多都表過態後，廉頗才站出來，大聲說：「眾人都說不能去，這是出於對大王安全的考慮。但如果大王不去，便是向秦國示弱，趙國的顏面就丟了。所以，為了趙國的利益和大王的尊嚴，臣覺得大王應該去！」

趙王看看廉頗，又看看群臣，這兩種情況他都想過，也預判過結果。作為一國之君，他必須維護國君的尊嚴。他的心裏其實已有朦朧的傾向，只是下不了決心，他需要的就是一股外來的力量，來幫助他下定最後這個決心。現在，廉頗的話激發了他內心的自信與榮譽感。

廉頗話音剛落，藺相如也上前說：「我贊同廉將軍的主張，大王一定要去，因為這涉及國家的榮譽和大王的尊嚴。如果不去，趙國以後將如何面對諸侯，大王以後將如何面對天下人？這不是小事，而是關乎國體的大事！」

沒等藺相如說完，趙王便已挺直了身子，他已經下定決心了。而其他人，似乎是受了他們二位的影響，都肅立靜聽，脊樑也不覺挺直了許多。

「如果大王決定去，臣願意跟隨前往，侍奉在大王左右！」藺相如說。

「大王若去，臣請率軍送行，在距離澠池最近的地方安營紮寨，嚴密監視秦軍動向，也以這種方式告訴秦人，我們早有準備，讓他們好自為之！」

廉頗說。

這幾句話就是最有效的定心丸。趙王終於打消了先前的顧慮，勇氣倍增。他吩咐：

「眾卿不要再多言，本王已經決定，由藺卿陪同，即日啟程，去澠池與秦王會面！國內之事，則有勞廉將軍及眾卿費心了！」

二

送趙王去澠池的這一天，天氣晴朗，然而，趙王和大臣們的心裏卻像壓著一片烏雲。趙王的車馬緩緩而行，眾大臣前呼後擁，儀仗如常。然而，所有人都知道，趙王此去，非同尋常，說不定就是生離死別。所以，一路上，沒有人說話，大家都在默默祈禱。空氣中凝結著悲壯之氣。那些旗幟似乎也感受到這氣氛，低垂著，沒有了往日的舒展與飄揚。

廉頗和藺相如走在後面，一路上，他們一直在交談。沒有人知道他們談話的內容。看到他們不時點頭又不時沉默的樣子，推想他們一定是在相互囑託，相互激勵。

到了邊境，廉頗與藺相如面對面站定，彼此抱拳。廉頗突然對著藺相如深鞠一躬，低聲說道：「這一去，生死難料。我們期盼趙王一切安好順利。在澠池，大王的安全就拜託先生了。希望先生時刻陪伴大王左右，絕不能出半點差池！我期待，不日先生能隨大王平安歸來，廉頗定當備酒謝先生！」

藺相如連忙也鞠躬答謝，他朗聲答道：「將軍放心。此去澠池，相如早已把生死置之度外。相如雖然不才，但此心可鑑。我的生死事小，大王的安危事大。我就是拚上性命，也絕不許秦人辱我大王半分！我盼望回來能與將軍把酒暢言。」

「一定！」

「一定！」

兩雙手緊緊握在一起。

臨行前的酒已喝了幾盞，趙王卻遲遲不願動身。他舉著酒杯，依依不捨地望著群臣，望著身後的國土，感慨萬千。群臣都舉著酒杯，卻無心喝完。他們臉上的悲傷讓趙王於心不忍，他想和每個人都喝上一杯酒，說上一句安慰的話，卻又不知從何說起。他只是不斷地舉杯，不斷地點頭示意。藺相如站在他旁邊，臉色冷峻如鐵。

就在這時，廉頗忽然大踏步走到趙王面前，說：「大王這一去，我估計會面和路上的時間加在一起，不會超過三十天。如果三十天過後，大王還沒有回來，就請您允許我們立太子為王，以斷絕秦國的妄想！」

廉頗的話說得凜然莊重，趙王的身體不覺哆嗦一下，但很快便恢復了鎮定。他懂得廉頗話裏的深意。雖然之前也曾做過最壞的打算，但此時聽廉頗這樣說，還是不禁悲從中來。他把酒杯交給侍從，動情地拉起廉頗的手，用力握著。許久，才說出一句話：「我離開以後，趙國的事情，就仰仗將軍了！如果真如將軍所說，三十日後我沒有回來，就依將軍說的做！」

廉頗和藺相如見此情景，趕緊勸趙王上車出發。他們知道，悲傷之情可以有，但絕不能蔓延，否則，送別將無法收場，悲傷將無法控制。關鍵時刻，這會擾亂人心的。而眼下，他們最需要的是人心、軍心的穩定。

於是，在群臣的目送之下，藺相如陪同趙王前往澠池。

趙王離開後，廉頗便開始調兵遣將，除了在邯鄲四周派重兵把守之外，更是在邊境構建了嚴密的防禦工事，以防秦兵突然來犯。他命令將士隨時備戰，絕不允許有絲毫鬆懈。

三

秦王在得知趙王將赴澠池之會後，有點驚訝。

在邀請趙王的時候，他斷定趙王是不敢赴約的，因為，普通百姓都知道，一國之君不能輕易離開自己的國家，更不能到敵對的國家去，尤其在兩國正在交戰之際，一去便凶多吉少。趙王難道是被秦國的氣勢嚇傻了？他怎能如此輕視自己的性命，到澠池來會面？秦王沒有想到，大臣們也沒有想到。他們都曾預測過，趙王斷不敢答應秦王的要求，一定會想盡一切辦法推脫的，哪怕因此而引發秦國更強的軍事壓力，哪怕因此而失去更多的城池，或因此在天下人面前留下一個懦弱的名聲，但相對於國君的生命而言，那一切都不是那麼重要。然而，現在，趙王就要來了。一時間，秦王和群臣竟然有些慌亂，他們還沒有準備好如何對付他；但同時又有一點期待，他們想看看這個趙王究竟長著什麼樣的腦袋，敢隻身闖龍潭虎穴。

在等待的那些天裏，秦王一刻也沒有閒著。他一面命人安排趙王及隨從居住的地方，一面和大臣們商議酒宴的具體事宜，當然，最主要的是對付趙王的種種手段。沒多久，一座高台便在澠池拔地而起，甚為壯觀。秦王很滿意。這座高台絕不僅僅是為迎接趙王，更是為了顯示秦國的國威。他常常走到高台之上，站在中央，仰望天空，想像天下諸侯向他朝拜的樣子。想著想著，便彷彿進入了那個虛幻的世界，有了君臨天下的飄飄然。

這一天，秦王正和大臣議事，有人來報，趙王就要到了。

聽到這個消息，秦王竟然有些興奮。他不是第一次和諸侯會盟，但這一次不同尋常。

趙王和他雖然都是國君，但現在，趙王不僅僅是客人，還是某種意義上的囚徒，而他，是絕對的主人。把對方的命運攥在自己手中的感覺真的很快意。想到這裏，秦王恨不得馬上見到趙王，立刻行使他作為主人的權力，命令趙王臣服在他腳下，奉上趙國的一切。

從神遊狀態中回到現實，他旋即命令官員下去各自安排。

自從離開趙國，趙王便開始沉默寡言。他坐在車上，只是簡單地問到了哪裏、離澠池還有多遠之類的問題。聲音很小，不像是發問，更像是自言自語。藺相如理解他的感受。他想起了自己當年出使秦國的經歷，想起了秦王與他的大臣們看自己的眼神。當時因為情勢所迫，他無暇顧及自身的安危，所以所作所為也就不計後果了。而現在，他要保護的不是一塊美玉，而是趙國的國君，他更需要萬分謹慎。他想寬慰趙王，又實在想不出該怎麼說！

遠遠地，秦王望見趙王的車騎和隨從。他轉身對大臣們說：「趙王此行，不知是哪位大臣相隨，有如此膽魄，我倒想看看。」

當趙王和藺相如出現在大家視野中時，秦王及大臣們一下就認出了藺相如，這個藺相如留給他們的印象太深刻了。想當年，在咸陽，他當著秦國的君臣羞辱秦國歷代國君的時候，他們就恨不得吃他的肉、喝他的血。但迫不得已，還是讓他風風光光地完成了使命。直到他走後多日，提起這個名字，許多人還是恨得牙癢癢的。而現在，這個讓人頭疼的傢伙又來了，他們該怎樣對付他呢？原來的計畫是否還能順利實現？是不是又讓這個傢伙牽著鼻子走呢？他們不敢往下想了。

秦王和趙王寒暄著，但眼角的餘光卻在藺相如臉上。他笑得有些誇張，十分熱情地試圖挽起趙王的胳膊。趙王則有些拘謹，他避讓著，在秦王身後，像個孩子似的被秦王扯著袖子往前走。

藺相如看到這一幕，心裏清楚，這是秦王的一種手段，就是想看到趙王的失態，想看到自己的失禮。他看到了遠處排列整齊的士兵方陣以及閃著寒光的甲兵。這是秦王之所以驕傲的後盾。

然而，這是戰場上的資本。酒宴上，這只能是背景。在最終的較量中，最有效的不是鋒利的武器，而是智慧和膽魄。

大帳中，酒宴早已擺好，山珍海味，玉液瓊漿。進入大帳，賓主落座。藺相如和秦國的重臣陪侍在兩旁。一時間，鐘鼓併響，琴瑟和鳴，歌姬翩翩起舞，水袖飛揚。

秦王率先舉起酒杯，對趙王說：「感謝趙王能親自來到這裏！秦趙兩國，世代友好。今日，兩國國君共聚澠池，共商大計，敍談過去的友誼，並一起開創秦趙兩國的萬世之好！請趙王及諸位共飲一杯！」說完，一飲而盡。眾人也紛紛端起酒杯，齊聲歡呼。

趙王放下酒杯，轉頭看了看藺相如，發現他正在朝自己微微頷首。趙王馬上明白了。待侍從斟滿酒後，他也慢慢端起酒杯，對秦王說：「感謝秦王的盛情！今日之事，正好見證兩國的友誼。我也祝兩國世代友好，永不相負，並祝秦王健康！」眾人再次紛紛舉杯。

酒過三巡，菜過五味，秦王突然對趙王說：「我聽說趙王擅長彈琴，今日宴會，賓主和諧，其樂融融，趙王何不彈奏一曲，以助酒興？」大帳上一下子安靜了下來。

趙王的臉色一下子變白了。他想推辭，但看到帳外士兵似乎正舉著兵器準備闖進來，而秦王的臉也一點點陰沉起來，又有些惶恐。他轉頭看藺相如，卻見藺相如凝眉端坐，不知在想什麼。百般無奈之下，他只能點點頭。

秦王見狀，馬上命人把琴抬到趙王面前。趙王猶豫著，遲疑著，但最終還是抬起胳膊，用手指在琴弦上輕輕撥了幾下，聲音又輕又澀。

然而，大帳裏卻沸騰了。秦國的史官不失時機地拿著紙筆走上前，邊寫邊大聲說：「某年，某月，某日，秦王和趙王在澠池飲酒，秦王命令趙王彈琴！」秦國的大臣們一起舉起酒杯，不是向彈琴的趙王，而是向秦王，再一次歡呼。秦王喜不自禁。

誰也沒有注意到，藺相如捧著一個盆缶快步走到秦王面前。他直視秦王，聲音低沉而有力：「我聽說秦王擅長擊缶，現在請大王也展示一下，為宴會助興！」

秦王勃然大怒。他沒有想到，這個藺相如又一次讓他陷入尷尬的境地。剛剛還在歡呼的秦國大臣也都愣在原地，臉上的笑容一下子僵在那裏。沒有一個人注意到藺相如是什麼時候站起來，什麼時候拿到盆缶，又是怎樣走到秦王面前的。當他們意識到秦王已被藺相如激怒的時候，一切都已晚了。大帳內一片沉默。

秦國侍衛最先反應過來，他們一擁而上，想抓住藺相如。但藺相如突然轉身，從胸腔深處發出炸雷一樣的怒吼，震耳欲聾。那些人不覺打了個激靈，像被人施了定身法一樣原地站住，不知所措。

藺相如馬上回身，又向前邁出一步，對秦王說：「現在，我和大王之間的距離不到五步，大王如果不答應我的請求，五步之內，我頭頸上的鮮血就會濺在您的身上了！」

秦王看著被藺相如嚇退的侍衛，看看瞠目結舌的大臣，看看面露驚恐之色的趙王，再看看面前像獅子一樣的藺相如，他的呼吸有些急促。他已經領教過這個藺相如的手段了。眼前這個人不怕死，他什麼事情都幹得出來。秦王的腦子裏亂糟糟的，但有一點是清晰的，那就是，性命要緊，他不能冒險。於是，他故作輕鬆地朝眾人擺擺手，拿起筷子在盆缶上敲了一下。

藺相如馬上站起身，回頭招呼趙王的史官：「請記下：某年，某月，某日，趙王和秦王飲酒，秦王為趙王擊缶！」

看到藺相如又成功地為趙國挽回了尊嚴，秦國的大臣們都覺得自慚形穢。他們需要做點什麼，為剛剛陷入尷尬的秦王，也為他們自己。酒宴還在繼續，但因為剛剛發生的不快，有點冷清。於是，有秦國大臣站起來，有點挑釁地喊道：「今日宴會，是秦王宴請趙王，請趙王送十五座城池，作為給秦王的獻禮！」秦人紛紛響應。

藺相如馬上回應：「趙王遠赴秦王宴會，尊敬乃待客之道，請秦王把都城咸陽作為獻禮送給趙王！」

於是，又是一番唇槍舌劍。秦人雖多，但藺相如從容應戰，言辭犀利，以一敵十，毫無懼意。

秦人佔不到一點便宜。酒宴就在這樣的狀態下不歡而散。

到了館驛，趙王動情地對藺相如說：「今日宴會上能不受辱，全仰仗先生了！回去以後，定當厚賞先生！」藺相如連忙跪下，對趙王說：「相如此來，就是保護大王，這是我的職責所在。大王能逢凶化吉，這是趙國之幸，也是大王之幸啊！我只盼望澠池之會大王能平平安安。賞賜之事，臣萬萬不敢有非份之想！」

秦王和大臣們密謀到深夜，但誰也想不出對付藺相如的辦法。殺了藺相如，扣押趙王，這都不是上策，而且會讓秦國的名聲受損。送趙王回國，他們又心有不甘。尤其是那個藺相如，如果再次讓他這樣毫髮無損地回去，真的讓人難以接受。然而，又能怎麼樣呢？廉頗的軍隊就駐紮在邊境，嚴陣以待，秦軍沒有任何機會。這是他們早已知道的情報。

「罷了！」望著愁眉不展的大臣們，秦王最終說，「今日之形勢，扣押或殺了趙王，時機都不對。廉頗陳兵邊境，我們也沒有機會。為了長久利益，還是善待趙王，讓澠池之會有個好的結局吧！」

負荊請罪

一

澠池之會結束後，趙王只想盡快回到趙國。在澠池，他深深感受到了秦王的貪婪與跋扈，以及秦王對趙國的野心。那些日子，白天他強裝笑顏，夜晚則徹夜難眠。他感到處處是危險，從秦王到士兵，無時無刻不在給他傳遞這種信號。

他覺得自己之所以能僥倖離開澠池，都是藺相如之功。在酒宴上，多少驚險，全憑藺相如一人以驚人的勇氣與膽識化解。是藺相如讓他在秦人面前保住了作為國君的最後一點尊嚴。

到了邊境，望見廉頗的大營，趙王一直提到嗓子眼的心才終於放下來。他對前來迎接的廉頗說：「廉將軍，終於見到你了！這一趟澠池之行，真的是兩世為人啊！我們能安全回來，全是相如的功勞。」

回到邯鄲，趙王召集群臣，說起澠池的經歷，趙王仍然心有餘悸。「這一次，我是真正感受到了人在屋簷下的屈辱。想起那些天，我真的有種劫後餘生的慶幸啊！多虧藺相如，在澠池臨危不懼、誓死力爭，才讓我保持著作為國君的尊嚴啊！」最後他宣佈：「從今日起，拜藺相如為上卿！」

廉頗一聽到趙王說要拜藺相如為上卿，地位還在自己之上，他的臉色立刻變了。他不敢相信自己的耳朵。他四下望望，卻發現大臣們都在熱烈地向藺相如表示祝賀。藺相如被人們圍在中央，頻頻拱手致謝。現在，藺相如的地位比他高。他的內心翻江倒海五味雜陳。

藺相如即使被眾人圍在中間，仍然能強烈地感受到廉頗的情感變化。看到廉頗一個人站在原地落落寡歡的樣子，藺相如竟有些難過。他想走到廉頗身邊，握住他的手，告訴他說，自己根本不在乎什麼權力，一心只想為國效力，和一向都敬重的廉將軍一起共事。但他被其他人的熱情推著，離廉頗愈來愈遠。

二

廉頗回到家中，愈想愈鬱悶，愈想愈氣惱。

他找來門客，討論這件事情。一方面，他真的敬佩藺相如的膽魄與智慧，能在秦王面前挽回趙國的尊嚴，的確很了不起；另一方面，他真的無法理解，就因為這一點，藺相如的地位就能超過一個為國攻城拔寨、浴血沙場的將軍。他想不通。

門客們七嘴八舌，都覺得趙王的做法有些欠妥，也覺得藺相如名實不相副，廉頗實在是委屈了。他們討論的結果是：廉將軍不能就這樣忍氣吞聲！

廉頗終於被眾人的話激怒了。他一拳捶到案几上，憤憤地說：「我廉頗作為趙國的大將，為國家長年征戰、守土開疆，才有現在的地位；而藺相如只不過憑藉口舌之勞，地位竟在我之上。更何況，他原來不過是繆賢的一個門客，出身卑微。為此，我感到羞恥！」繼而，又對眾人發誓：「藺相如最好不讓我看見，否則，我一定要當面羞辱他！」

門客們很快就把廉頗的話傳了出去，藺相如也知道了。但他不動聲色，既不反擊，也不回應。他只是時常推說有病不去上朝，不想和廉頗爭位次。他心裏清楚，有些矛盾需要時間去化解，無需急著去解釋，愈解釋愈糊塗，冷處理有時更有效。

所有的人也都在觀望，這兩個對於趙國來說舉足輕重的人，矛盾什麼時候才能緩解。

這一天，藺相如外出，遠遠地望見廉頗正從對面過來。藺相如趕緊告訴車伕：「調轉馬頭，避開廉將軍，我們從另一條路走！」車伕不情願地調轉馬頭，嘴裏嘟嘟囔囔地埋怨：「廉頗是上卿，您也是上卿，況且您的位置比他還要高，為什麼要給他讓路呢？」藺相如從車上回頭看看遠處的廉頗，長歎一聲，然後便默不作聲。

其實，廉頗也看到了藺相如的車馬，他的心怦怦直跳。當看到藺相如的車調轉方向走了，他有種輕鬆的感覺。他不知道自己這是怎麼了：每天都在家裏預演這樣的場景，如今機會就在眼前，他為什麼不打馬衝上去，讓藺相如在大街上出醜？街上的人也都看著他。人們在交頭接耳，似乎在傳「藺相如看到廉將軍後躲了」「還是廉將軍厲害」之類的話。這似乎是他一直期待的聲音，然而，現在真的聽到了，卻並不開心，反而覺得刺耳。

他就這樣心事重重地回到家中。

三

藺相如也聽到了街上人們的議論，但他只是淡然一笑。他知道，這只是表面上的誤會。以他對廉頗的瞭解，他不相信這種誤會會持續下去。他覺得他們倆終有一天會盡釋前嫌的。

就這樣想著，不覺間已到了自己的府邸。藺相如剛一下車，就被門客圍在中間。他們已經知道了剛才街上發生的一切，也聽到了人們的議論，對此，他們比藺相如還要激動，他們一定要弄清楚，藺相如究竟是怎麼想的。

「藺大人，今天發生的事情，我們實在想不明白，想請大人給我們解惑……」門客簇擁著藺相如。

藺相如似乎早料到會有這一幕。他笑著說：「諸位，我們總不能在大街上談論這種事情吧！請各位隨我至家中細說分明。」

眾人自覺地讓開一條路，看藺相如邁進大門，一群人紛紛隨後跟進。

坐下後，才緩緩地對眾人說：「諸位有什麼想法，儘管說來，相如洗耳恭聽！」

眾人看到藺相如的從容，一時竟不知如何應對，都默不作聲。

良久，一個年長的門客拱手向藺相如說道：「大人，我們這些人之所以離開親人來侍奉您，是因為仰慕您高尚的節義啊！可現在，您與廉將軍的官位相同，他發惡言羞辱您，可您……」說到這裏，他頓了頓。

藺相如和藹地望著他，並不催促，只是輕輕點了點頭。

「可您竟然如此膽怯地躲避，這也太過份了。連我們這樣的人尚且感到羞恥，何況是貴為卿相的您呢！我們不能為將軍（春秋時各國均以「卿」領兵，便稱卿為「將軍」），這是對一軍之主帥的通稱。藺相如官拜「上卿」）分憂解難，那在您身邊也就失去了意義，還是讓我們離開您吧！」

藺相如聽完，朗聲大笑。

望著大家疑惑不解的樣子，藺相如收斂了笑容，他嚴肅地問大家：「諸位以為，廉將軍和秦王相比，哪個更厲害？」

「當然是秦王厲害了，秦王身為一國之君，有生殺大權！廉將軍怎麼能與之相比呢！」門客們異口同聲地說，他們不知道藺相如怎麼會問這樣的問題，這似乎和大街上剛才發生的事情沒有一點關係啊。

藺相如沒等他們再問，接著說：「諸位請想，以秦王的威勢和殘暴，我都敢在朝廷上呵斥他，羞辱他的群臣。我藺相如雖然無能，難道真的會怕廉將軍嗎？」

門客們一下子被藺相如問住了，他們一時語塞，都不知道該怎樣回答。

「我之所以這樣做，是因為我想到，強大的秦國之所以忌憚趙國，就是因為趙國有我們兩個人在呀！兩虎相鬥，勢不共存。如果面對廉將軍的挑釁，我也針鋒相對，最後兩敗俱傷，那不正好給秦國機會嗎！我之所以再三忍讓，就是因為把國家利益擺在第一位，把私人恩怨放在了後面。諸位還覺得我是膽怯嗎？」

藺相如說完，門客們都陷入了沉思。藺相如考慮的不是個人的榮辱，而是國家的大局，這是他們沒有想到的。他們之所以不理解藺相如，那是因為他們的認識還停留在普通人的層面，想得更多的還是匹夫之勇。他們以一己之私，妄度揣測藺相如的胸懷和抱負，這才是真正的羞恥啊！

於是，眾門客紛紛起身，對藺相如深施一禮：

「大人高義！還請將軍原諒我們的短視和唐突，就讓我們繼續侍奉在您的左右吧！」

藺相如寬厚地笑笑：「多謝諸位理解！」

四

當一位門客怯怯地把藺相如的話告訴廉頗時，他的臉一下子僵住了。連日來，廉頗一直處於一種莫可名狀的失落中。他羞辱了相如，但自己並沒有因此而開心。現在，藺相如的話像晨陽，蒸散了迷霧，他知道那失落情緒的來由了。藺相如說得對，國家利益遠高於私人恩怨，這才是大將軍應有的胸襟。他終於明白，在羞辱了藺相如之後，他為什麼會悶悶不樂了，因為，自己的行為只是一般人的爭強好勝，對於一個肩負國家重任的將軍，這是人格上的恥辱！想到這裏，廉頗如坐針氈。他必須做點什麼，向藺相如謝罪。

他找來門客，想聽聽他們的意見。

當他說到想要向藺相如賠禮道歉的時候，許多人都疑惑地看著他。他們不明白，廉將軍怎麼會有這麼大的變化：前些日子還和藺相如勢不兩立，現在，怎麼就想到要去道歉了呢？

一位門客說：「大人不必如此，藺相如的出身畢竟不能和將軍相比。找個合適的機會說一說也就可以了！」

另一個門客說：「廉將軍以後能和藺相如和睦相處，便已經是給他天大的面子了，用不著大張旗鼓地謝罪吧！」

廉頗知道，這些門客還在維護他的面子，但他堅持說：「我一定要向上卿相如當面謝罪！大丈夫知錯必改！」

「明天，我要向藺上卿負荊請罪！」說出這句話，廉頗覺得渾身上下輕鬆了許多。門客們都驚呆了。他們知道，廉頗言出必行，說出的話，不可能再更改。於是，大家也就不再多言。只是，那一夜，他們都無法入眠。他們商量著如何負荊請罪。

這一夜，廉頗早早就安歇了，這些日子以來，他好像第一次睡得那麼沉、那麼香。

第二天，用過早飯，廉頗鄭重地脫去上衣，命人把一捆荊條綁在背後，然後，整理好衣冠，緩緩走出大門。

眾門客跟在他的身後，每個人的眼裏都飽含敬意。他們現在才有點明白廉頗此舉的深意。

大街上早已轟動了，人人都知道廉頗要向藺相如負荊請罪。人們不解，一個大將軍，竟然以這樣的方式道歉，是否也太隆重了？他們湧到大街上，想看一看廉頗把荊條綁在身後的樣子。

眾人擠在大街兩旁，看廉頗走過。他們很奇怪，光著膀子的廉頗，臉上沒有一點羞愧，卻有一種凜然之氣，讓人不由得肅然起敬。

藺相如早已得知消息。他早早地站在門口，謙恭地等待廉頗的到來。

遠遠地，廉頗看見藺相如站在門口的台階上，他猶疑了一下，但旋即又加快了腳步。到了藺相如面前，廉頗慚愧而又真誠地說：「廉頗是粗魯之人，一直冒犯將軍，多有得罪，沒想到您竟然如此寬厚。廉頗慚愧，請將軍原諒！」

藺相如也急忙還禮，動情地說：「廉將軍言重了，將軍胸襟如此磊落，相如甚為敬佩！相如已備好薄酒，請將軍到寒舍一敘！」

於是，兩人相視一笑，相攜走進大門。

家裏，酒宴早已擺好。

藺相如端起酒杯，對廉頗說：「從澠池回來，就一直想和將軍共飲一杯，沒想到，今日才得償所願。我敬將軍一杯！」

廉頗也端起酒杯：「慚愧啊，我就因為一己之私，險些釀成大錯，罪責在我，廉頗理應向您賠罪！」

「在澠池，多次聽秦王與將士說起廉將軍之名，我們能安全從澠池回來，也是因為秦王忌憚將軍之名啊！所以，大王拜我為上卿，相如也實在愧不敢當。」藺相如又說。

廉頗真誠地說道：「將軍處處顧全大局，我羞愧難當，從此以後，我二人當戮力同心，精誠合作，報效國家！」

兩雙手緊緊握在一起。窗外的陽光照在兩人的臉上，都是一樣的誠懇，一樣的慷慨。

這一次廉頗負荊請罪，整個趙國都傳開了。人們紛紛讚歎這兩個人的高風亮節。就連趙王也深深被感動，他親自宴請兩人，向兩人道賀，由衷地感慨：「趙國有兩位人才，實乃趙國之福啊！」

這一年（趙惠文王二十年，公元前二七九年），廉頗向東攻打齊國，大敗齊軍。過了兩年，廉頗又攻下齊國幾座城。隨後，廉頗進攻魏國，也取得了勝利。而兩人的關係，也傳為佳話。

長平之戰

一

公元前二六二年，秦將白起攻取了韓國的野王（今河南沁陽），切斷了上黨與國都的聯繫。韓王無奈，準備把上黨獻給秦國。但上黨的新任郡守馮亭卻不甘心如此屈辱的城下之盟，不想向秦國投降。他私下裏派人去見趙王，想請趙王接收上黨。他的目的很明確，就是不想讓秦軍輕易得到這座城池。他想借助趙國的力量來牽制秦軍。

面對馮亭的使者，趙孝成王舉棋不定。不費一兵一卒得到一座城池，他當然願意，不過，他還是擔心秦國會因為上黨而與趙國結仇。他問群臣：「我們該怎樣答覆馮亭的請求呢？」

平原君趙勝志在必得地說：「馮亭想把上黨獻給趙國，那是因為他相信趙國的武力。現在，秦軍雖強盛，但經過多次大戰之後，肯定很疲憊。這對趙國來說是一個好機會。大王可以安然接受上黨，諒秦軍也不會輕舉妄動！」

平原君說完，許多大臣都隨聲附和。

趙王點點頭，又看看廉頗。

廉頗沉吟片刻，說：「平原君所說自是不錯。不過，這些年我們也常年用兵，如果秦軍轉而攻趙的話，我有點擔心咱們倉促間不能應戰啊！」

「那廉將軍的意思是放棄上黨了？」趙王的語氣裏有一些不滿。

此時，趙奢已經故去，藺相如也病重，廉頗知道沒有人支持他了。他輕輕歎了口氣，接著說：「上黨一定是要接收的。不過，我以為一定要考慮周密，派一上將去上黨，同時做好迎戰秦軍的準備，這樣才穩妥！」

「好！那就請廉將軍率軍去上黨，我們靜候佳音！」趙王聽廉頗這樣說，才又高興起來。

廉頗率領趙軍向上黨進軍。一路上，他的心情並不平靜。從秦軍的嘴裏掏食，這本身就是冒險。秦軍貪婪，這是世人皆知的事實，他們會看著到手的獵物落在別人手裏嗎？將近十年沒有和秦軍交兵了。正如藺相如所言，這些年來，因為趙國有他們二位，秦國調整了戰略。可是，現在藺相如病重，他一個人面對秦軍，突然有一種無力感。

二

秦王聽說趙國要接收上黨，大怒，立刻命令秦軍阻擊趙軍。

廉頗的二十萬軍隊，便在長平一帶與秦軍遭遇。讓廉頗沒想到的是，面對趙軍，秦軍並沒有退卻，而是先發制人，一上來便展開強烈的攻勢，讓廉頗一下子猝不及防。

秦軍像海浪一樣撲上來，一個個如狼似虎，趙軍的陣形一下子被衝散了，許多士兵還沒有反應過來，便已身首異處。廉頗見狀，深怕趙軍陷入秦軍的包圍，便急忙命令部隊撤退。他一面揮舞大刀率軍突圍，一面大聲吶喊鼓舞士氣。趙國軍隊一邊抵擋秦兵，一邊恢復陣形，有序地撤退。

好不容易，趙軍才甩開了秦軍。廉頗長舒一口氣。他想到了來上黨之前的擔憂，現在終於應驗了。他馬上意識到，眼前的局勢於趙軍不利，現在絕不是正面迎敵的時機。當下的任務，是先安營紮寨，堅守陣地，不能輕易出擊。

此時的秦軍，已攻下了韓國幾座城池，氣勢正盛。他們天天在趙軍大營外討敵罵陣，但廉頗毫不理會。他明白，此時，絕不是意氣用事的時候。幾十萬將士的性命握在他手裏，他不能衝動。面對秦軍，一定要避其鋒芒，以靜制動。

他只是每日查看地形，指揮士兵依山建寨，加固工事，各營之間相互呼應，互為犄角，嚴防秦軍的突襲。在通往後方的道路上，他更是派重兵把守，以防糧道被秦軍切斷。

每一天，都能聽到秦兵的鼓角和吶喊之聲，而趙軍的大營卻一片寂靜。天天，秦軍都會在軍前罵陣，一會兒罵廉頗是膽小鬼，一會兒罵趙軍是縮頭烏龜。同一時間，秦軍卻又像過節一樣在陣前歡呼，聽得趙國的士兵都摀住耳朵。但廉頗不為所動。

一些士兵暗暗抱怨，廉將軍怎麼變得這樣膽怯了。

廉頗覺得，是該動員一下了。這一天，他把眾將聚在一起，說：「諸位對眼下的戰事有何見解，請直言！」

「將軍，趙王派我們來接收上黨，可不是讓我們在長平駐紮的。我們是否應該和秦軍打上幾仗，以鼓舞士氣！這樣整天縮在軍營裏，軍心都有點浮動了。還請將軍明察！」一名副將粗聲粗氣地說。看樣子是憋了半天才說的。

「將軍，我們請求出戰，與秦軍決一死戰！」

「將軍，我們不能躲在營寨裏聽任秦軍侮辱，我們願意死戰！」

又有幾個偏將激動地請戰。

廉頗一皺眉，他轉頭看看其他的人，那些人也紛紛點頭。

廉頗沉默良久，才長歎一聲，對眾將說：「諸位的心情我理解。我何嘗不願早早和秦軍決一死戰，接收上黨。可眼下，諸位是否想到，我們二十萬大軍長途跋涉，早已疲憊不堪。秦軍已切斷了咱們與後方的聯繫。況且，咱們的糧草供給都有些困難，又怎能輕舉妄動呢！」

看到眾將不語，廉頗繼續說道：「眼下，我們要做的，就是堅守，就是拖，消磨敵軍的銳氣，然後尋找有力戰機，一舉擊破秦軍！」

眾將嘴上答應，但心裏還是有許多不理解，不情願。

「再有輕言出戰者，斬！」廉頗突然提高了聲音，斬釘截鐵地宣佈。在這個緊要關頭，他的態度是關鍵。他不能拖泥帶水，給將士們造成猶豫不決的印象。如果是那樣，軍心就真的不穩了。

就這樣，兩年多過去了。在這段時間裏，廉頗除了巡視各軍的營地，便是和副將們一起佈防，就是不應戰，任憑秦軍叫囂罵陣。他不急不躁，似乎做好了長期駐紮長平的計畫。趙軍的將士們都憋著一口氣，期盼廉頗一聲令下，他們就能奮勇爭先，讓那些辱罵他們的秦軍付出代價。而秦軍，卻在一天天的消磨中懈怠了。

三

廉頗在長平與秦軍相持的時候，身在邯鄲的趙王卻有些坐不住了。他本來以為，上黨很快就能歸入趙國的版圖。可現在，這一切看上去遙遙無期。於是，他找來平原君一起商量對策。

「廉頗在長平與秦軍對壘，遲遲不肯出擊，這樣下去，上黨還能得到嗎？廉將軍究竟是怎麼想的？」趙王問。

「廉將軍身經百戰，他肯定不是畏懼秦軍，應該有自己的理由吧！」平原君想起自己最初勸趙王接受上黨的自得，臉上有些不自在，他遲疑地回答。

「可是，如果這樣下去，不但上黨我們得不到，恐怕國家還要陷入困境。現在，二十萬大軍每天的糧草開銷巨大，如果這樣下去，我們的國家就要被掏空了！」趙王發愁地說。

平原君沉默。他明白趙王擔憂的原因。前方打仗，後方錢糧，這就是戰爭。平原君心裏清楚，趙王對上黨，也對廉頗有點失去耐心了。這不是好兆頭。

「要不，我代大王去長平犒勞三軍，藉機查看一下軍情，催促廉將軍早日開戰？」平原君望著愁眉不展的趙王問。

「看來也只有這樣了！希望將軍到達長平，促成廉頗早做決戰的計畫，爭取早日接收上黨！」

平原君趕到長平的時候，廉頗正在巡營，當聽到探馬說平原君來犒賞三軍的時候，他有點錯愕。

前方沒有勝利，趙王怎麼會派人犒賞呢，更何況派來的不是別人，而是平原君。趙王是不是對自己的戰術有些懷疑了，他悶悶不樂地想。

平原君見到廉頗，滿面春風地說：「廉將軍經年率軍在外征戰，辛苦了！大王讓我來犒賞三軍，以助將軍之威！」

廉頗連忙答禮：「慚愧！在外多日，未建寸功，有負大王厚望，是我的過錯啊！」

隨後，廉頗命人設宴，給平原君接風洗塵。

眾將心裏竊喜，一個個面露笑容。已經兩年多沒有飲酒了。與秦軍對陣，廉頗嚴令禁酒。軍令如山，眾將都不敢違犯。現在，廉將軍竟然破例擺酒，他們心裏明白，這是因為平原君的特殊身份，如果是一般的大臣，斷沒有這樣的待遇。

廉頗高聲宣佈：「酒宴之前，我先說明，今日負責巡視的眾將，滴酒不能沾！」

酒宴擺上了。廉頗先舉杯，提議：「眾位將軍，先讓我們一起舉杯，敬平原君！」

平原君面帶微笑，喝下一杯酒。但廉頗卻沒有把酒送到嘴邊，他只是做做樣子，又把酒杯放在案几上。

平原君見狀，不解地問：「廉將軍為何不飲？」

廉頗欠身對平原君說：「二十萬將士的性命全在我身上，職責所在，廉頗不敢懈怠，請將軍體諒！我請其他將軍代我敬將軍！」說完，用眼神示意那些將校們。

那些端著酒杯的將校們，聽廉頗這樣說，一個個笑逐顏開，殷勤地向平原君敬酒：「將軍身為貴胄，不遠千里來到軍前，請讓我們敬將軍一杯！」

平原君聽到廉頗這樣說，也就不再計較。他太瞭解廉頗了，平日裏，他可以豪飲；但在軍前，他說到做到。眾將也是因為多日未喝酒，都有些興奮，酒愈喝愈多，氣氛也愈來愈濃。不一會兒，平原君便有醉意，倒在帳內睡著了。

廉頗見平原君醉倒，命人把他送到早已收拾好的大帳裏休息。而他自己則又像平日一樣，到陣前巡查去了。

平原君直到凌晨才清醒過來。連日行軍，本已疲憊，再加上多喝了一點，他的身體有點虛軟。但他還是掙扎著爬起來，睜著迷離的眼睛問侍衛：「廉將軍呢？」

「廉將軍早已到各營去督促操練去了！」侍衛答道。

「廉將軍天天如此嗎？」

「是的，廉將軍從未有一天懈怠，天天如此！」侍衛說。

四

平原君回到邯鄲，向趙王細說了廉頗的情況。

趙王有點失落，因為，平原君沒有提到催促廉頗迅速出戰的消息，他只是一直誇讚廉頗的紀律嚴明、治軍有方。他在心裏埋怨平原君，怎麼就忘了去之前要說的重點了呢！

「這種相持究竟要等到什麼時候才能結束？廉頗究竟在做些什麼？國內的糧草還能堅持多少日子呢？」他的心裏畫滿了問號。

他沒有想到的是，他們的對手也在思考同樣的問題。

自從秦軍和趙軍開戰，秦王便一天沒有輕鬆過。尤其是最近，他聽到的都是讓人喪氣的消息。前方的戰事沒有起色，趙軍堅守不出，秦軍的進攻沒有一點進展，大軍已顯疲敝之勢；而後方，早有官員開始稟報，糧草供應出現了問題。

這樣下去，兩軍最後交戰，結果就不堪設想了。

秦國的相國范雎看出了秦王的憂慮，他向秦王進諫：「大王現在顧忌的，無非是廉頗，如果趙軍換掉廉頗，那麼秦軍大勝指日可待！」

秦王聞言，沉吟道：「可是，廉頗身經百戰，通曉兵法，沉穩持重，長平之戰能相持至今，全靠此人！趙王怎麼會輕易替換他呢？」

范雎一笑，對秦王說：「大王豈不知反間計？我們可以利用趙王的多疑和不滿，派奸細到趙國散佈秦軍不怕廉頗的消息，趙王自會猶疑的……」

「如此甚好！那麼，我們希望換誰呢？」秦王急切地問。

「我聽說，趙國有一位年輕的將軍叫趙括，此人是趙國名將趙奢的兒子，自幼熟讀兵書，自視甚高。但我看來，此人只是紙上談兵，並沒有真正的本領。再加上年少輕狂，如果他代替廉頗，必定會改變廉頗的策略。那時候，我們再派白起與之對陣，這樣，便可以穩操勝券了！」范雎說。

秦王大喜，即刻命令范雎全權辦理此事。

范雎回到家中，招來能言善辯的門客，細細叮囑一番，隨即派這些人悄悄去了趙國。

在趙國，這些門客專門找茶坊酒肆人多的地方，有意無意地說起長平之事，然後，再大肆渲染廉頗如何懼怕秦軍，秦人又如何懼怕趙括。

沒過幾天，邯鄲街頭便傳開了。人人都說秦人怕趙括，說廉頗不敢出戰。

這話很快便傳到了趙王耳朵裏。兩年多的時間，趙王的耐心早已被消磨殆盡。他聽到這樣的傳言，鬱悶的心頓時敞開了一扇窗，心情開朗不少。

他召集大臣，說：「現在邯鄲到處都在傳秦人不怕廉頗而怕趙括的事情，眾位覺得如何？」

「坊間傳言，應該不可相信吧？」平原君試探性地問。

趙王沒有直接回答他，而是反問：「民間傳得沸沸揚揚，這難道是空穴來風嗎？」

平原君見趙王有點生氣，便低頭不語了。他知道，趙王對自己那次長平之行並不滿意，只是一直隱忍未發。

沒有人再敢多言，因為，從趙王的日常言行中，他們早已聽出趙王對廉頗已多有怨言，只是沒有找到合適的機會和理由換將而已。現在，機會和理由都有了。只怕國君的心裏或許早有定見。

果然，沒過幾天，他就正式拜趙括為大將，讓他前往長平代替廉頗。

五

聽到趙王要命趙括替換廉頗，邯鄲一片譁然，許多人都不敢相信自己的耳朵。這兩年，他們雖然對廉頗的做法也有微詞，但從來沒想過會有人能代替他。

趙括的母親聽到這個消息，馬上請求面見趙王。她對趙王說：「趙括的父親在世時便對我說過，趙括在談論兵法的時候太過輕率，沒有敬畏之心，這樣的人不適合領兵打仗。因為他心裏沒有士兵的性命。還有，他得到大王的賞賜，不像他父親那樣分給將士，而是自己藏起來。他對待士兵傲氣十足，士兵們都不敢正視他。這樣的人，士兵怎會替他賣命。我怕他耽誤了國家的大事，請大王三思！」

聽到這些，趙王依然沒有任何動搖。他對趙括的母親說：「此乃國家大事，我自有主張，你就不要過問了！」

趙括的母親見趙王如此堅決，也就不再堅持，只是請求：「既然大王已經決定，那我只請求大王答應我，如果趙括打了敗仗，不要因為他的罪過連累我！」

趙王輕鬆地說：「我答應你！」

抱病在家的藺相如聽到這個消息更是大驚失色。趙奢生前，就曾對廉頗與自己多次談起過這個兒子，說趙括的兵法只在書中，禁不起實戰的考驗，就只會兵書上的套路，根本不知變通。知子莫若父。趙奢絕不會故意貶低自己的孩子，他的評價應該最中肯。再者，讓一個從來沒有獨立作戰經驗的人去統帥千軍萬馬，這可是關係趙國國運的大事，兒戲不得。於是，藺相如拖著重病之身急匆匆去見趙王。

「聽說大王要讓趙括接替廉將軍？」見到趙王，藺相如大禮似乎都忘了，急切地問。

「相國身體欠安，還是在家養病，軍國之事就不要操勞了！」趙王知道藺相如肯定會反對自己的意見，於是冷冷地說。

「兩軍現在正處於膠著狀態，雙方的主帥熟悉地形和彼此的情況，臨時換帥絕對是兵家大忌。況且，廉將軍久經沙場，攻無不克，戰無不勝，天下誰人不知？這些年秦人一直不敢侵犯趙國，正是因為忌憚廉將軍！而現在，大王卻用一個初出茅廬的青年去替代廉將軍，這難道不是自取滅亡嗎？」藺相如痛心地說。

「吾意已決，將軍伙無須多言！」此時的趙王就像鬼迷心竅一樣，他的心裏已經沒有廉頗，只剩下那個被瘋傳是秦軍剋星的趙括。他很快傳令，再派二十萬軍隊，由趙括統領，前往長平接替廉頗。在他看來，趙括此去，一定會讓趙軍重振雄風，迅速結束曠日持久的相持狀態，一舉打敗秦軍，拿下上黨。

藺相如失魂落魄地回到家中，仰天長歎：「長平危險了，趙國有難了！」

六

趙括被任命為大將之後，常常想起自己的父親曾告誡自己用兵要慎重，而日前母親跑到趙王面前阻擾自己拜將，藺相如也哭諫趙王，他只覺胸悶氣短：實在不明白這些人怎麼會對自己有這樣的偏見。他們沒有見過自己帶兵打仗，憑什麼就覺得自己能力不行呢？他有點憤憤然。

他一定要打幾場漂亮的仗，拿下上黨，然後凱旋而歸，讓那些人收回自己的偏見，讓他們刮目相看。

當軍馬集合完畢，趙括就在趙王等人的目送下離開了邯鄲。

他的母親沒有送他。她躲在家裏，暗自垂淚，暗自祈禱。

趙括看到浩浩蕩蕩的大軍，他的心跳突然加速了。這麼多的將士必須聽從他的命令，想到這裏，他不禁有些驕傲。他刻意沉下臉對將士們說：「三軍將士，火速前進，到長平與秦軍決戰。大王在等我們凱旋！」

接到邯鄲的命令後，廉頗十分震驚。他做夢也沒想到，趙王會替換他，更沒有想到的是，來接替他的竟然是趙括。他當然知道趙括是趙奢的兒子，知道這個人的底細。他已覺察出將士們眼神裏流露出來的迷茫，已經嗅到了空氣中瀰漫的不安。但大敵當前，穩定的軍心就是一切。所以，他努力克制自己的情緒，讓自己更加沉穩和自然。

然而，他手下的將士們卻無法做到像他那樣平靜。兩年多的時間裏，他們愈來愈佩服廉將軍的定力和膽識。他不是懼怕秦軍，而是審時度勢，在充份考慮和仔細分析兩軍的情況下確定了戰術方針。隨著時間的推移，秦軍罵陣的氣勢愈來愈疲軟，愈來愈無力；而趙軍上上下下卻都憋著一股勁兒，就等時機一到，一聲令下，便會以排山倒海的氣勢，衝垮秦軍的陣地。可現在，趙王竟然要強行換帥。他們實在想不通，更為廉頗鳴不平。

「廉將軍，您得向大王建議啊！此時我軍在您的帶領下上下一心，眾志成城。如果突然換將，軍心肯定浮動，於大局不利。為三軍將士考慮，廉將軍萬萬不可輕易交出指揮權！」「我們得向大王表明態度啊！」眾將群情激憤。

「諸位，無須多言，大王既然命令已下，我們不可違命！為趙國千萬將士的性命考慮，為國家利益考慮，請諸位務必團結一致，輔助趙括將軍，共同對抗秦軍。拜託大家了！」廉頗動情地對眾人拱手致謝。

在大帳前，趙括突然緊張起來，他不知道該以什麼樣的姿態見廉頗，是替換他的大將，還是晚輩呢？他惴惴不安地走進大帳。看到廉頗端坐在帳內，眼睛深邃。他輕聲說：「趙括奉大王命，來長平指揮三軍，還請廉將軍指教！」

廉頗沒有說話，他注視著趙括，說：「趙將軍奉大王命令來長平，我早已知道。廉頗謹遵大王之命。只是，我希望趙將軍千萬不要貿然進軍，還是應該熟悉情況以後再做決定吧。尤其是糧道，務必要派重兵把守，這是關乎三軍將士命脈的地方！」

他的語氣深沉而舒緩，卻似有千斤之重。

趙括不敢反駁，只是頻頻點頭。但心裏卻覺得廉頗已經老了。他希望廉頗趕緊離開。

廉頗似乎看穿了趙括的心思，便不再多言，只是向眾將拱了拱手，然後，大踏步離開大帳。

終於送走了廉頗，趙括長長地吐出了一口氣。

七

廉頗離開長平之後，趙括馬上改變了廉頗的策略，對那些堅持貫徹廉頗戰術的將領也都全部撤換。他態度堅決地說：「大王之所以派我來，就是要改變保守的態勢，轉守為攻，速戰速決。我不能辜負大王的厚望！」

於是，趙軍在趙括的帶領下，開始主動出擊。可是，因為不熟悉地形和兩軍情況，幾次都是鎩羽而歸。這一下，趙括慌了。他沒有想到，按照兵書上排兵佈陣，在秦軍面前竟然一點也不奏效。面對瞬息萬變的戰況，他束手無策。於是，再也不敢出擊，而是整日在大帳中對著兵書發愣。

而此時，秦王在得知趙軍把廉頗換成了趙括後，欣喜若狂。他馬上命令名將白起尋找有力的戰機，向趙軍展開最後的進攻。

白起得到命令，快速調動部隊，偷偷地完成了對趙括的包圍，並出其不意地切斷了趙軍的糧道。

這一日，趙括正在帳中對著地圖發呆。探馬來報：「將軍，大事不好，秦軍襲擊了我軍駐守糧道的部隊，現在，我們和後方的通道被堵死了！」

趙括聞言，臉色一下子變得蒼白。此時，他才突然想起廉頗臨行前對他的囑咐，讓他千萬要保住糧道及與後方的通道。當時他只覺得不耐煩，此時，他才真正意識到了危險。可是，一切都來不及了。他踉踉蹌蹌地衝出大帳，失神地望著眾人，一句話也說不出來。

已經一個多月了，趙括度日如年。每一天，都會有兵士來報告，秦軍又在哪裏活動，趙軍又被切割成了幾塊。更讓他瀕臨絕望的是，現在軍中的糧草馬上就斷了。而他，卻只能坐在這裏，恍然若失。

軍營內無米可炊，戰馬無草可餵。斷糧已經四十六天了。趙括失神落魄地問眾將：「我們該如何是好？」

沒有人回答，他們似乎早就預料到會有這一天。自從第一次出擊失敗後，這些將士們便有一種不祥之感。現在，所有的人都表情凝重，似乎已經嗅到了空氣中的死亡氣息。

斷糧這麼多天，趙軍的將士都形銷骨立。

望著走路都打晃的將士們，趙括知道，如果再不突圍，將士們都得餓死。最後下決心的時候到了。

這一天，他召集眾將，悲壯地說：「趙括無能，連累三軍將士到了絕境，但我們絕不能坐以待斃。我們一定要突圍！」

眾人無聲。不是不想應答，而是無力應答。

就這樣，一群衰弱疲敝的士兵在趙括的帶領下，毫無陣法地衝向秦軍，就像是一群瘦弱的羊誤闖進凶殘的狼群，沒有吶喊，只有急促的呼吸和驚恐的眼神。

秦軍弓弩齊發，趙括開始還能用兵器撥擋，但很快便失去了力氣，身中數箭，倒地身亡。到處是刀光劍影，到處是鮮血飛濺。

戰鬥沒有進行多久，勝負便見分曉。趙軍太虛弱了，他們幾乎跑不動，舉不起兵戈，就像待宰的羔羊那樣，眼睜睜地看著秦兵把兵戈刺進自己的胸膛，然後倒在血泊中。很快，四十餘萬趙軍便成了白起的俘虜。

八

如何處理這四十餘萬趙軍，的確是個問題。讓他們投降加入秦軍，似乎不太可能；把他們放回趙國，又似乎不合常理。秦趙交兵，每每各有勝負，趙國士兵尚武好鬥，是讓人頭疼的敵人。如果放回去，那將是放虎歸山，後患無窮。

「即刻命趙國的士兵挖一個大坑！」白起大聲命令傳令兵。

趙國的士兵已經放下了武器，但這絕不是他們的本意。他們只是身體太虛弱了，虛弱到稍一運動便頭暈目眩，眼前發黑。他們舉起刀戈，似乎更像是一種表演。剛剛衝出大營，許多人便昏厥倒地。所以，他們甚至都不明白發生了什麼就成了秦人的俘虜，就像剛剛睡了一覺，醒來便成了手無寸鐵、任人宰割的階下囚。

廉頗回到邯鄲之後，閉門不出。但他時刻在關注前線的戰報。當他得知，趙括在幾次貿然出擊後損失慘重，他仰天長歎；當他得知，趙括已改了他的陣營、撤了他的舊部，他頓足捶胸；而最後，當四十餘萬趙軍盡被白起坑殺的消息傳來，他只覺得天旋地轉，口吐鮮血。

邯鄲之圍

一

趙括戰死，四十餘萬趙軍被白起坑殺。這個消息傳到邯鄲，舉國震驚。

趙王連著幾天不說一句話，把自己關在屋子裏，誰也不見。

大臣們失魂落魄般地聚在大殿外，喉嚨乾澀，誰也不敢想像四十餘萬趙軍被坑殺的慘狀。他們的耳朵裏灌滿了絕望的哭喊聲，眾人方寸大亂。

而邯鄲城內，日夜都有哭聲傳來。喪夫喪子的人家，竟有連日不食者，只是哭，哭聲淒厲，聽者也跟著心酸。

那幾日，邯鄲城內冷冷清清，街上行人寥寥，商鋪無人光顧，只有那哭聲，瀰漫著整座城池。

但戰爭還在繼續。不久，又有消息傳來，秦軍已集合完畢，正準備進犯趙國。而趙王，在喪失了四十萬精銳部隊之後，早已失去了鬥志。沒有辦法，他只好向秦王割地求和。

痛定思痛，趙國君臣終於開始面對現實。他們意識到，長平之戰，肯定不是秦趙之間最後一戰，它只是開始，更為殘酷的戰爭也許馬上就要來了，不得不做好隨時應戰的準備。

差不多一年的時間裏，趙國的士兵向邯鄲集結，糧食也源源不斷地運往邯鄲，而邯鄲的百姓則日夜修繕城牆，加固防禦。所有的人心裏都清楚，秦軍隨時都可能進犯趙國，而邯鄲城是趙國最後的屏障，最後的陣地，絕不能失守。

果然，長平之戰第二年（前二五九年），秦王以趙王沒有兌現割地為理由，再次派大軍攻打趙國，來勢洶洶。秦軍兵分三路，一路直取上黨，一路陳兵邊境，以防魏楚，而中路大軍，則由王齕率領，直逼趙國的都城邯鄲。

趙王聽到消息，大驚失色。他馬上召集眾位大臣，任命廉頗為大將，率領趙國的將士備戰。他真誠地對廉頗說：「長平之戰，我悔不該輕信傳言，讓趙括替換將軍，以至於四十餘萬趙國男兒慘遭坑殺！望將軍能不計前嫌，以國家為重，擔負起保衛邯鄲的重責大任！」

廉頗當然知道，這是關係到趙國存亡的重任，但他沒有一點猶豫，更沒有推脫，而是慷慨赴任。國家利益至上，這是他始終信奉的原則。保衛趙國，是他責無旁貸的使命。

在三軍將士面前，廉頗環視許久。他看到底下的兵士二三十歲的青壯年不到一半，而更多是四十歲以上的老兵和十幾歲的孩子。他知道，因為長平之戰，青壯年士兵損失殆盡，現在的部隊多是臨時徵募的，他們中有許多人甚至還沒有經過正規的訓練，便要迎戰強敵。想到這裏，他突然感到一股蒼涼之氣在胸中激盪。他悲壯地問：「秦人在長平坑殺我趙國士卒，奪我土地，這是國恨家仇。如今，秦軍再次集合幾十萬大軍，向邯鄲進犯，這是要將我們逼到絕境，我們應該怎麼辦呢？」

「我們誓死保衛邯鄲，要秦軍血債血償！」將士們被廉將軍的情緒點燃了，他們揮舞著手裏的長戈，喊聲響徹雲霄。

「好！只要我們有赴死的決心和勇氣，同仇敵愾，就能戰勝秦軍，為死去的兄弟們報仇雪恨！」廉頗大聲說。

二

誓師大會之後，廉頗便馬不停蹄地在邯鄲內外巡視，佈防。他心裏清楚，這一次雖然也是防守戰，但絕對不同於長平。他們的軍隊元氣大傷，已經失去了野戰的條件。所以，他決定，放棄邯鄲外圍的城池，把兵力都撤到邯鄲城內，利用邯鄲堅固的城牆與嚴密的防守對抗來犯之敵。

秦軍離邯鄲愈來愈近，時間愈來愈緊迫。每一天，廉頗都在監督部隊的轉移，查看糧草的囤積情況。他的身影，幾乎遍及整個邯鄲城。然而，他仍覺得做得不夠，時刻都在提醒自己，任何一個環節都不能有疏忽，一點疏忽便可以斷送趙國的前途，這是必須要面對的現實。

這一天，他正在巡城，忽然想到了什麼，便立刻去見平原君。

平原君見到急匆匆的廉頗，很詫異，他問：「廉將軍軍務繁忙，到這裏來所為何事啊？」

廉頗沒有客套，而是開門見山地說：「邯鄲城的保衛，差不多已經完成了。但是，現在的局勢，僅憑趙國一國之力，恐怕難以度過這次難關。將軍能否利用您的聲望和關係請求魏國來援助呢？」

經廉頗這麼一問，平原君說：「確實是。我這就派人去魏國，請魏王出兵救趙！」

「將軍最好也給信陵君寫一封信，讓他想辦法促成魏王出兵。憑信陵君的聲望，似乎更有把握吧！」廉頗說。

「廉將軍考慮周到，我這就給魏王和信陵君寫信。」

從平原君處出來，時值秋日，城外到處是即將成熟的莊稼。他心裏一動。旋即命令，馬上把城外的莊稼都砍光。因為，他無法預測這次守城會持續到什麼時候，他不能眼睜睜地看著這些莊稼成熟後成為秦軍的糧草。

成片的莊稼倒下了，大地更開闊，也更荒涼了。廉頗站在城上，堅毅地望著遠方。他彷彿聽到了秦軍的馬蹄聲和號角聲。

三

公元前二五九年，秦軍很快就攻佔了武安城。然而，進到城裏，他們才發現，這幾乎是一座空城。但秦將王齕卻異常興奮。他對手下的將士們說：「長平一戰，趙軍全軍覆沒。現在的趙國，兵力疲敝。聽到秦軍到來，便棄城而逃，這是意料中的事。我相信，來日到邯鄲，我們也會像現在一樣，不費吹灰之力！」

王齕的情緒也感染著每一個士兵。一路上，他們幾乎沒有遇到抵抗，這樣的進攻讓他們無比亢奮。他們都希望，這樣的勢頭能夠持續，直到攻下邯鄲城，高奏凱歌。

他們沒有在武安停留多久，就以排山倒海之勢包圍了邯鄲。王齕站在高處，看著秦軍一座連一座的營帳和迎風飄展的大旗，看著一排排威武的兵士和雪亮的戈戟，熱血沸騰。

很快，秦軍便已集結完畢，士氣高漲。他們以為，邯鄲肯定和武安一樣，唾手可得。此刻就等攻城的命令了。

王齕攻城命令一下達，頃刻間，鼓聲震天，吶喊聲從四面八方響起。成千上萬枝箭射向城樓，遮天蔽日。雲梯手在弓箭的掩護下迅速靠近城牆，手持短刀長戈的士兵像虎豹一樣緊隨其後。那一刻，邯鄲城下，地動山搖。但邯鄲城上卻異常沉寂。

士兵已經踩在了雲梯上。弓箭手停止了射擊。因為，他們發現城上過於沉寂了，不知道城裏究竟發生了什麼。突然，城牆上冒出大量的趙兵，城牆的垛口處射出一排排的箭。他們吶喊著，朝秦軍投擲石頭，一時間，秦軍屍橫遍野、血流成河。

王齕這才意識到，趙軍早有準備。但是，他並沒有下令撤軍。在他看來，趙軍已經像困獸一樣，堅持不了多久。

然而，沒想到的是，城上的趙軍竟愈來愈多。更多的秦兵倒在了城牆下。後面的士兵衝鋒的步伐也慢了下來。

「收兵！」王齕明白，士兵們的鬥志已經被趙軍擊垮了，他不得不下令撤退。

望著如潮水般退去的秦軍，廉頗沒有一點喜色。他知道，這僅僅是開始，更緊張更殘酷的戰事還在後面。他把隊伍編成三隊，輪流在城上站崗，並把那些善射的士兵組織起來，親自指揮。果然，三更時刻，秦軍又發動了大規模的攻城。秦軍的箭射穿了城內的房屋。雲梯手和步兵在火把的映照下，面目猙獰。然而，他們並沒有能夠靠近城牆，在趙軍猛烈的反擊下，只留下一排排的屍體。

幾個月下來，秦軍不分晝夜地攻城，但都損失慘重，士氣一下子低迷了。王齕終於意識到，趙軍絕不像自己想像得那樣虛弱。有廉頗在，那些士兵便彷彿有無窮的力量。

他們就那樣日日夜夜站在城上，不知疲倦，時刻等待消滅來犯的敵人。王齕只好改變戰術，圍而不攻。

四

而邯鄲城內，死傷的士兵已經沒有地方安置，只能躺在大街上。百姓們早就動員起來，老人和孩子把箭從屋頂上拔下來，送到城上；女人們端水送飯，為受傷的士兵包紮傷口，把死者抬到別處。許多房屋都毀了，屋頂的瓦片都被當作武器扔下了城牆。許多人衣服單薄，在北風裏瑟瑟發抖。但沒有人哭泣，沒有人呻吟。他們沉默著，臉上卻有一種堅毅。廉頗每日巡視，看到那些或蒼老、或年輕的面容，都忍著悲憤和痛苦，心如刀割。

眼看就要過年了。城裏的糧食已經嚴重不足。平原君和眾大臣把自己家的糧食和布匹都拿出來分給士兵和百姓。但這只是杯水車薪。

「廉將軍，我們還能堅持多久呢？」趙王問廉頗。

「大王放心，邯鄲城內軍民一心，眾志成城。秦軍損失慘重，已有退意。等魏國救兵一到，我們裏應外合，秦軍必敗！」廉頗安慰趙王。

「派去魏國的使者有消息了嗎？」趙王又轉頭問平原君。

平原君說：「魏王懼怕秦軍，還在遲疑。不過，前段時間，我又派出去一名使者專門去見信陵君，讓他想辦法盡快勸魏王出兵。」

看到趙王失望的樣子，廉頗想了片刻，說：「大王，我想趁除夕之夜城內軍民同樂時，把城內的鑼鼓集中起來一起敲打，一是鼓舞士氣，二是擾亂秦兵的軍心。同時，派一股精銳之士，趁夜色突襲敵軍，打擊一下他們的氣焰！」

趙王和平原君的眼睛一亮，不住點頭。

除夕之夜，趙王和平原君坐在高台上，士兵和百姓都聚在下面。鑼鼓響起來了。一時間，軍民似乎忘了戰爭，都歡呼起來。幾個月來，人們的神經繃得太緊了，這一刻，他們似乎才又回到人間，感受到了節日氣氛。

在人們的歡呼聲中，廉頗轉向早已集結好的敢死隊。

他舉起一碗水，莊嚴地對眾人說：「今夜我們襲擊秦軍，就是要告訴他們，趙國的男兒不怕死；就是要告訴他們，趙國的士兵勇猛無敵！現在，我以水代酒，祝大家旗開得勝，馬到成功！」說完，他端起水，一飲而盡。

眾將士也都端起水碗，一飲而盡。

「出發！」廉頗把碗摔在地上。將士們也都把碗摔在地上，碎片橫飛。

邯鄲城內突然鑼鼓喧天，這讓城外的秦軍著實吃了一驚。他們紛紛從營帳內跑出來，站在外面看。秦國將軍王齕也趕緊穿好盔甲跑出來。看了許久，他們才意識到，這是邯鄲在過年呢。王齕不覺笑了，城外大軍壓境，朝不保夕，趙軍被困幾個月，每天都有死傷，他實在想不出他們有什麼理由樂得出來。他命令士兵，趕緊回營歇息，明天攻城。

邯鄲城內終於寂靜了下來。秦軍也都失去了興趣，紛紛回到營帳內。天寒地凍，北風呼呼地颳著。

趙國的敢死隊悄悄地出城了。廉頗站在城樓上，望著這一群人無聲地融入夜色中。

夜裏，秦軍的大營突然著火，火勢藉著風勢，愈來愈大，瞬間，許多大帳都燒著了，火光沖天。秦國士兵從燃燒的大帳裏跑出來。趙軍的敢死隊突然衝進來，他們並不吶喊，而是沉默如幽靈，但手裏的刀卻不沉默，砍瓜切菜一般，把那些倉皇逃竄的秦國士兵砍倒在地。

「趙軍來了！」過了好長時間，像無頭蒼蠅一樣亂跑的秦軍才突然清醒過來，他們想反抗，可武器丟在大帳中，於是，只能邊跑邊喊。一時間，整個秦軍的大營都驚醒了。將軍們在大聲命令，士兵們在緊張地集合。當他們終於列好陣形，天已經大亮。而趙軍早已消失得無影無蹤。彷彿剛才出現的不是趙國的士兵，而是死神。

從此之後，秦軍的夜晚再也沒有安寧。他們不知道趙軍何時又會偷襲，便只能枕戈待旦。白天攻城受挫，身體疲憊，夜裏又時刻擔憂趙軍襲擊，不敢酣眠，秦軍的士氣又漸漸低迷了。

五

廉頗和平原君坐在城樓上，望著外面秦軍的大營，誰也不說話。因為，他們都知道，秦軍已經換帥，又有援軍不斷趕來。而城裏，糧草所剩無幾。魏兵再不救援，邯鄲恐怕真的守不住了。

一名老兵顫巍巍地走向廉頗，還沒有走到跟前，便昏厥倒地。廉頗趕忙過去，把那名老兵扶起來。許久，老兵才慢慢睜開眼睛，望著廉頗說：「將軍，我的兩個兒子都死在了長平，我恨不能生吃秦軍之肉。我想請將軍下令，讓我們衝出去與秦人決一死戰。這樣困守，我們都會活活餓死的……」

廉頗鼻子一酸。這時，許多士兵也都圍上來，紛紛說：「廉將軍，帶我們衝出去吧，我們願意死在戰場上，不願意這樣被餓死！」

廉頗的眼睛模糊了。他知道，這是將士們的心聲。他真該做最後的決定了。他轉頭看看平原君，平原君的臉上也滿是淚痕。

正在這時，有士兵急匆匆從城下跑上來，氣喘吁吁，但又興奮異常：「廉將軍，剛剛得到消息，信陵君魏無忌已取代了魏軍大將晉鄙，正率魏軍前來……」

「什麼？」廉頗和平原君同時站起身來，他們似乎不相信自己的耳朵，死死地盯著那個士兵。

「魏軍快到了！」那個士兵大聲喊了出來。

一時間，城上的士兵都開始歡呼起來。

廉頗的眉頭舒展了，他瞪大眼睛，聲如洪鐘：「傳令下去，隨時準備殺出去！」

「救兵到了！」傳令兵高聲喊著，跑下了城樓。瞬間，邯鄲城內便沸騰了。百姓們紛紛跑上街頭，臉上終於有了笑容。多日來的陰霾之氣，一掃而光。

魏軍在信陵君的指揮下，向秦軍展開強大的攻勢，很快就打到了邯鄲。秦軍腹背受敵，人心惶惶。此時的趙軍，根本不用動員。他們雖然衣衫襤褸，骨瘦如柴，但鬥志昂揚。廉頗坐在馬上，心潮起伏不定。那一刻，他想到了長平，想到了趙括，想到了四十餘萬被坑殺的兵士。突然，他大喝一聲：「三軍將士，我們為長平的士兵報仇雪恨的時候到了！」

號角響起，廉頗率領大軍從邯鄲城裏衝出來，魏軍也從外面向秦軍的方向衝去。秦軍大亂，隊伍很快就被衝散，首尾不能相顧，四處逃竄。但不管跑到哪裏，似乎都能碰上像虎豹一樣的趙軍。所有的趙國士兵都殺紅了眼睛，他們嗷嗷地叫著撲上去，那樣子就像餓久了的狼群看到了獵物。

在邯鄲城南駐防的秦國將領鄭安平率領的兩萬人，被趙軍包圍，糧草斷絕，不得已投降了趙軍。秦軍全面崩潰，被迫撤到河西。而趙魏聯軍，則一路挺進，收復了河東。

秦軍終於退去了。邯鄲城外，屍橫遍野，到處是破碎的旗子，沾滿血跡的帳篷，到處是受驚的戰馬和戰車的殘骸。趙國的士兵在打掃戰場，把地上的刀戈堆放到一處。陽光照在兵器上面，閃出刺眼光芒。廉頗看著這一切，恍如隔世。

見到信陵君，廉頗一揖到地：「公子高義，救趙國於危難之中，廉頗無限欽佩！」

信陵君慌忙答禮，說：「久聞廉將軍大名，今日相見，三生有幸！」

信陵君把魏軍交給副將，便與廉頗相挽著走進邯鄲城。平原君早已迎出來。看到邯鄲城內蕭條破敗的樣子，信陵君感慨萬千，他對平原君和廉頗說：「這一戰，邯鄲得以保全，足可見趙國軍民的不屈之志了！」

六

邯鄲之圍解除不久，廉頗便向趙王建議，應該立刻補充兵源，抓緊時間訓練。他憂心忡忡地說：「趙國經歷長平和邯鄲兩次大戰，損失慘重，軍隊中老弱病殘者太多。如果不及時擴充部隊，再有敵國入侵，恐怕就難以應戰了。大王不可不早做準備！」

趙王點頭說：「那就有勞將軍了！」

趙孝成王十五年（燕王喜四年，公元前二五一年），燕國相國栗腹突然攜百金出使趙國，為趙王祝壽。栗腹回國後，廉頗便對趙王說：「我看栗腹這次來，名義上是祝壽，實際上是來探我方虛實，大王不可不防啊！」

「將軍何出此言？」趙王很驚訝。

「栗腹在邯鄲的三天裏，在朝廷上面露傲色，私下裏卻一直在邯鄲四處察看，這絕不是一個使臣的行為，他一定是另有企圖。」廉頗說。

趙王無語。

果然，沒過多久，邊境便傳來消息，燕王拜栗腹為將軍，帶領幾十萬大軍分兩路向趙國進發。

趙王得到戰報，趕忙召集大臣們商量對策。他對廉頗很是佩服，說：「將軍料事如神，還請將軍率軍迎擊！」

廉頗說：「即使沒有大王的命令，我也想請纓出戰。一個栗腹，何足懼哉！就讓我替大王斬殺他！」

趙王大喜，即刻命廉頗為大將，率軍出征。

廉頗率領大軍到了代地（今河北蔚縣）。他對副將樂乘說：「燕軍人數雖多，但驕傲輕敵，再加上長途跋涉之後，人困馬乏，我們可以採取各個擊破的方法，殲滅他們。」於是，他命令樂乘率五萬精兵堅守代地，自己率軍八萬迎擊燕軍主力。

栗腹聽到廉頗到來，並不在意，他對手下的將士們說：「廉頗雖然勇猛，但趙軍卻是疲敝之師。長平之戰，趙國的壯年多被白起坑殺，他們的孩子還沒有長大。所以，他們此來，不過是虛張聲勢罷了，不足為懼！」

他萬萬沒有想到，趙軍雖然有長平之痛，又遭受了邯鄲之圍，但趙國的士兵卻因而生出一種悲壯之氣。他們渴望殺敵，渴望復仇。不管對手是秦軍，還是別國的軍隊，對他們來說都一樣。他們需要用對手的鮮血祭奠趙軍的亡靈。所以，兩軍剛一接觸，趙軍便如猛虎下山一樣，衝進了燕軍陣地，個個爭先，人人向前。許多燕軍還沒有來得及舉起武器，便成了刀下遊魂。栗腹大驚失色，正想逃時，被後面的趙軍砍於馬下。看到主將被殺，燕軍更加驚惶，紛紛扔下兵器，望風而逃。趙軍大獲全勝。

堅守代地的樂乘聽到廉頗大敗栗腹的消息，也傾巢而出，迅速攻擊燕軍，俘虜了燕軍大將卿秦。於是兩軍會合，乘勝追擊燕軍五百里，直入燕國境內，包圍了燕國都城薊。燕王震驚，慌忙派使者向趙國請和，並答應割讓五座城池。廉頗才率軍撤離燕國。

回到邯鄲後，趙王設宴為廉頗慶功。宴會上，趙王感慨地說：「趙國在經歷了長平之敗和邯鄲之圍後，好久沒有打過勝仗了。這一次，廉將軍大破燕軍，真是振奮人心啊！」於是，封廉頗為信平君（相當於宰相）。

衝冠一怒

一

廉頗任相國後，多次擊退入侵敵軍，名聲大振。

趙國的軍民提起廉頗，都滿懷敬意。但有一個人看到廉頗的聲望愈來愈大，卻心有不甘，暗懷不滿。白天，他出入朝堂，在趙王面前甜言蜜語；夜晚，他總是徹夜輾轉，他的心裏一刻也放不下廉頗。在人前，提到這個名字，他會曲意逢迎；在人後，聽到這個名字，他恨得牙根都癢癢的。他的腦子裏總是浮現出同一個場景，廉頗當著眾人說他是阿諛奉承之輩。當時，所有人都笑了，他無地自容，恨不得找個地縫鑽進去。那時，他還是太子的伴讀，身份卑微。可現在，昔日的太子已經成了趙王（趙悼襄王）。而他，則是趙王身邊最受信任的紅人。現在廉頗不在邯鄲，正忙著和魏國打仗。是時候出擊了，讓廉頗為自己說的話付出代價，讓他悔恨地跪在自己的腳下。想到這裏，他臉上的肌肉竟然有一點痙攣。

他，就是悼襄王的寵臣郭開。

郭開私下裏見悼襄王，對他說：「現在坊間都在傳言，廉頗在外面擁兵自重，驕傲自滿，而大王年幼，又剛剛繼位，恐怕會生事端的。大王應早做安排，以備不測啊！」

悼襄王原本對廉頗的印象就不太好，他覺得廉頗太高傲了，好像從來就沒有把自己放在眼裏，哪怕他現在已經是趙王。聽郭開如此說，心裏更是來氣。他問郭開：「眼下，廉頗正帶兵打仗，怎樣做才能讓他不生疑心呢？」

郭開說：「可以說他作戰不力，命武襄君樂乘代替他，這樣他就不會懷疑了。」

悼襄王大喜，旋即命令樂乘率兵十萬去前線替代廉頗。

二

此時的廉頗（趙悼襄王元年，公元前二四四年），正奉命率軍攻打魏國，已經攻佔了魏國黃河以北的繁陽（今河南內黃）。

這一日，廉頗正在大帳中與將士議事，一名侍衛急匆匆衝進大帳，神色緊張地說：「廉將軍，大王派樂乘來替代您，現在，樂乘大軍已離此處不遠了。」

眾將聽完，都一時摸不著頭腦，面面相覷。

廉頗一下子怒髮衝冠。他一拳砸在案几上，大聲說：「這一定是有人在大王面前進讒言，才讓大王懷疑我。我廉頗一生，光明磊落，赤膽忠心，怎能一再遭受這樣的猜忌呢？更何況，樂乘是什麼人？不過是趙括之流，只懂紙上談兵，他怎能擔此大任？」

「那將軍想怎樣，我等只聽廉將軍將令！」諸將也都怒氣難消，紛紛攥起了拳頭。

「我只願諸位助我，趕走樂乘，讓大王看看，樂乘不是我的對手，他沒有資格替我！」廉頗餘怒未消。

很快，三軍便集合完畢。廉頗憤慨地對眾將士說：「長平之戰，大王命趙括替我，結果讓四十萬趙軍死於非命。今大王又命樂乘替我，這是對我的不信任，我不堪其辱。還請三軍將士，為我助威，嚇走樂乘！」

三軍將士齊聲吶喊。他們都願意為廉將軍效命，這已經不是出於命令，而是自動自發的行為。

「我們面對的不是敵軍，所以，不許使用弓箭，不許傷及士兵！」出發前，廉頗又再三叮囑。

樂乘聽說廉頗率軍來攻打自己，隊列都沒敢排開，便逃回了邯鄲。他對這位老將軍，是既敬又怕。他不想與廉頗為敵，又不能違抗趙王命令，所以，一路上，他的心一直忐忑不安。而現在，以這種方式收場，他覺得再好不過。

嚇走了樂乘，廉頗便陷入了迷茫。他是趙國的相國和大將，他不能帶領趙軍去攻打邯鄲。在他的字典中，從來就沒有「背叛」一詞。可眼下，邯鄲卻是無法再回了。

他突然想到信陵君，他當年竊符救趙之後，把魏軍託付給魏將，自己隻身留在了邯鄲。看來，今天也只能效仿信陵君了。

他拱手對跟隨自己多年的將領們說：「廉頗此舉，意不在反叛，只為證明自己。然而，樂乘回去，必說我反叛，大王必不容我。但是，三軍無罪，你們還是趙國的命脈。我只希望，諸位能把這支隊伍平安帶回邯鄲，以明我心志。拜託了！」

諸位將領雖有不捨，但又實在想不出其他辦法，只得與廉頗灑淚而別。

目送三軍將士離開，廉頗在邊境徘徊多時，才毅然決定，投奔魏國大梁。

魏王聽說廉頗來投，興奮不已。多年以來，廉頗的名字早已成了一種威懾，一種力量。他讓人把廉頗請進大殿，設宴款待。魏國的大臣們紛紛向廉頗敬酒，讚美他的大名。然而，廉頗卻高興不起來。在異國的朝廷上，他沒有貴賓之感，只有流放者的孤獨和悲涼。

三

趙悼襄王九年（公元前二三六年），趙悼襄王病死，趙遷即位，是為趙幽繆王。趙遷和他父親一樣，最信任的人還是相國郭開。

秦王聽說廉頗離開了趙國，覺得是一個機會。公元前二二九年（秦王政十八年，趙幽繆王七年），秦國派兵攻打趙國。趙王派了許多將領去應戰，但都大敗而歸。

這一天，趙王坐在大殿上，聽到前方戰敗的消息，他突然想起了廉頗。他猶豫半晌，終於還是試探性地問：「聽說廉頗在魏國，還是念念不忘故國。如果我們派人去請他回來，他會不會答應呢？」

沒等他的話說完，馬上就有許多大臣上前回答：「廉將軍是忠義之士，樂乘之事，廉將軍只是一時氣憤。可他並沒有背叛趙國，而是讓副將把部隊帶回來。由此可見廉將軍的心志。現在，趙國有難召他，他肯定萬死不辭！還請大王即刻派人去魏國，請廉將軍回來！」

「那就派唐玖先去魏國，看看廉頗是否還有當年的神勇吧！」趙王吩咐。

郭開聞聽此言，臉色立刻變了。然而，他不敢插話。因為，他看得出趙王現在真的需要廉頗，而其他大臣也都希望廉頗回來。他不能犯眾怒。

夜裏，郭開私自去拜訪趙王指派的特使唐玖。

他把許多金子和珠寶擺在唐玖面前，陰沉著臉問：「要這些珠寶，還是要廉頗回來，請先生選擇！」

唐玖望著郭開陰鬱的臉，後背發涼。他瞭解眼前這個人，氣度狹小，睚眥必報，更何況他還是趙王眼前的紅人。他不敢得罪。於是，他對郭開拱手說：「我要珠寶，不要廉頗。」

郭開滿意地笑了。

聽說趙國特使奉趙王命來看自己，廉頗一下子精神煥發。他跑到門外迎接唐玖。看著明亮的盔甲和膘肥體壯的戰馬，他的眼睛馬上亮了。他急切地走上去，用手輕輕地撫摸馬頭，就像舊友重逢。

他命令下人，趕緊擺酒。

在唐玖面前，廉頗並不多言，他吃了一斗米，十斤肉，然後，又披甲上馬，把大刀舞得呼呼帶風，然後翻身下馬，氣不長出，面不改色。

他拱手問唐玖：「先生看我還能否馳騁疆場？」

唐玖苦笑著伸出大拇指：「老將軍如此神勇，真乃趙國之福呀！待我回去稟報趙王，請老將軍出山！」

唐玖回到邯鄲，對趙王說：「廉將軍一頓飯還可以吃一斗米、十斤肉，可是……」

「可是什麼？」趙王的身子不覺從案几後探了出來。

「可是，廉將軍在一頓飯的時間裏竟然如廁三次。」唐玖用眼角瞟了瞟郭開，慢騰騰地說。

「哦……」趙王失望地收回了身子。眾大臣也都失望地低下了頭。只有郭開，望著唐玖眉開眼笑。

客死他鄉

送走了唐玖，廉頗一連幾天都處於一種亢奮的狀態。他常常呆坐在屋子裏，出神地望著窗外，臉上不自覺地就會浮現出微笑。

他想起以前，想起金戈鐵馬，想起鼓角之聲，想起邯鄲的宮殿，想起趙國的兵士。他覺得，這一切就要重新回到他的生命中。

然而，等了又等，也沒等到來接他的使者；盼了又盼，也沒盼來從趙國來的消息。他終於絕望。

再後來，楚王派人偷偷把廉頗從魏國接到楚國。

在楚國，廉頗依然沒有得到重用。他雖然被拜為將軍，但並沒有獲得帶兵打仗的機會，毫無建樹。他常說，我還是希望能夠率領趙國的士兵啊。

沒幾年，廉頗已是鬚髮如雪，步履蹣跚。而楚人也似乎忘記了這位曾讓敵軍聞風喪膽的將軍。

每一日，他都借酒澆愁。他想像過去那樣痛飲，但已不勝酒力，稍飲就醉。

這一天，他正在家中枯坐，突然聽到街上有人在唱趙國的歌。他急忙跑到街上，卻看見楚人三三兩兩走過街頭，並無趙人的衣冠。

他失神地走進一家酒肆，要了酒肉，一個人兀自喝著。

喝著喝著，不覺已有醉意。胸中似有千軍萬馬踏過，錚錚然有刀戈之聲。他忍不住想跨馬奔馳，忍不住想仰天長嘯。

他喉嚨發熱，不禁引吭高歌。歌聲慷慨悲涼，聽者動容。

不知唱了多久，他才停下來。他抬起頭，朦朧中，似看到許多人都停下腳步看著他。

他擦了擦眼睛，那渾濁的淚水早已成冰痕，掛在眼角和臉上的皺紋裏。

他失神落魄地回到家中，倒在床上，一病不起。

他常常做夢，總夢到邯鄲的叢台（趙武靈王修建），夢見邯鄲的城牆，夢見邯鄲的故人，夢見他率領趙國的士兵躍馬沙場。醒來看時，卻還是楚國的天空。

終於，他的眼神渙散了，眼前的一切都遙遠了。但在迷離中，他竟然看到了邯鄲城門大開，他想加快腳步，卻突然眼前一黑，邯鄲消失得無影無蹤。

廉頗死了，帶著太多的遺憾，帶著太多的孤獨。然而，他的魂魄卻已經上路，前方就是他夢縈魂牽的趙國。

廉頗生平簡表

前二八四年（趙惠文王十五年）
燕樂毅率五國（燕、秦、韓、趙、魏）之師伐齊，破臨淄（今山東淄博北）。

前二七九年（趙惠文王二十年）
齊田單破燕軍於即墨（今山東平度），悉復所失故城。
楚莊蹻入滇稱王。

前二七八年（趙惠文王二十一年）
秦攻破楚都郢（今湖北荊州）。楚割地求和，遷都陳（今河南淮陰）。

前二八三年（趙惠文王十六年）
廉頗率兵攻打齊國，取得陽晉大捷，被拜為上卿。

前二七九年（趙惠文王二十年）
澠池之會後不久，廉頗向藺相如負荊請罪。

前二七五年（趙惠文王二十四年）
羅馬悉併希臘諸城邦，統一義大利半島。

前二七三年（趙惠文王二十六年）
印度孔雀王朝賓頭娑羅王卒，子阿輸迦（阿育王）繼位。開創孔雀王朝的極盛時期。

前二六六年（趙惠文王三十三年）
秦昭王用范睢為相。范睢制定「遠交近攻」策略。

前二六五年（趙孝成王元年）
趙孝成王新立，太后掌權。秦攻趙，趙求救於齊。觸龍說服太后，送愛子入質齊國，以解除國危。

前二六四年（趙孝成王二年）
第一次布匿戰爭，羅馬奪西西里。

前二六二年（趙孝成王四年）

楚考烈王即位，任黃歇為令尹，封春申君。執政時，權勢隆盛，廣致賓客，與齊孟嘗君、趙平原君、魏信陵君並稱戰國四公子。

前二五九年（趙孝成王七年）

托勒密一世創建亞歷山大圖書館。

前二五七年（趙孝成王九年）

魏信陵君、楚春申君救趙，解邯鄲（今河北邯鄲）之圍。

前二四九年（趙孝成王十七年）

秦滅東周，東周亡。呂不韋為秦相國。

前二四七年（趙孝成王十九年）

秦莊襄王卒，子嬴政年幼即位。呂不韋繼為相國，主持國政。

前二六二年（趙孝成王四年）

長平之戰開始。廉頗成功抵禦了秦國軍隊。後因趙王改用只會紙上談兵的趙括，結果大敗，四十餘萬趙軍被坑殺。

前二五九年（趙孝成王七年）

秦國再次攻打趙國，圍攻邯鄲，廉頗率領趙軍與秦軍展開了曠日持久的對抗，最終在魏楚聯軍的幫助下，取得了勝利。

前二五一年（趙孝成王十五年）

燕國進攻趙國，廉頗大破燕軍，包圍燕國都城。燕國割五城求和。廉頗被封為信平君。

前二四六年（趙孝成王二十年）

秦採納韓國水利家鄭國建議開渠。

前二三八年（趙悼襄王七年）

秦王嬴政親政。嫪毐起兵叛亂，兵敗被殺。

前二三三年（趙幽繆王三年）

韓非入秦，旋被害。

前二三〇年（趙幽繆王六年）

秦派內史騰攻韓，虜韓王，韓亡。

前二二一年（秦王政二十六年）

秦統一六國。秦王嬴政稱皇帝。

前二四五年（趙孝成王二十一年）

廉頗率兵攻打魏國。同年，趙孝成王去世，趙悼襄王繼位，讓樂乘代廉頗，廉頗大怒，攻樂乘，後廉頗奔魏國大梁。

前二二九年（趙王遷七年）

秦國大舉興兵攻打趙國，趙王希望重用廉頗。但使者因受郭開賄賂，詆毀廉頗。後來，廉頗客死他鄉。

國家圖書館出版品預行編目 (CIP) 資料

廉頗 / 辛泊平著 . -- 第一版 . -- 新北市 : 風格司
藝術創作坊 , 2019.12
面； 公分 . -- (嗨 ! 有趣的故事)
ISBN 978-957-8697-61-4(平裝)

1.(周) 廉頗

782.818　　108021454

嗨！有趣的故事

廉頗

作　　者：辛泊平
責任編輯：苗　龍

發　　行：知書房出版
出　　版：風格司藝術創作坊
235 新北市中和區連勝街 28 號 1 樓
電　　話：(02) 8245-8890

總 經 銷：紅螞蟻圖書有限公司
台北市內湖區舊宗路二段 121 巷 19 號
電　　話：(02) 2795-3656
傳　　真：(02) 2795-4100
http://www.e-redant.com

版　　次：2020 年 10 月初版　第一版第一刷
訂　　價：180 元

ISBN　978-957-8697-61-4　　Printed inTaiwan